AI는 세상을 어떻게 바꾸는가

Good morning Good night

'굿모닝 굿나잇'은 21세기 지식의 새로운 표준을 제시합니다.
이 시리즈는 (재) 3·1문화재단과 김영사가 함께 발간합니다.

AI는 세상을 어떻게 바꾸는가

1판 1쇄 발행 2022. 1. 31.
1판 6쇄 발행 2024. 12. 1.

지은이 장동선

발행인 박강휘
편집 고정용 | 디자인 정윤수
본문 일러스트 최혜진
발행처 김영사
등록 1979년 5월 17일(제406-2003-036호)
주소 경기도 파주시 문발로 197(문발동) 우편번호 10881
전화 마케팅부 031)955-3100, 편집부 031)955-3200 | 팩스 031)955-3111

ISBN 978-89-349-4921-3 04300
       978-89-349-8910-3 (세트)

홈페이지 www.gimmyoung.com   블로그 blog.naver.com/gybook
인스타그램 instagram.com/gimmyoung   이메일 bestbook@gimmyoung.com

좋은 독자가 좋은 책을 만듭니다.
김영사는 독자 여러분의 의견에 항상 귀 기울이고 있습니다.

이 책의 본문은 환경부 인증을 받은 재생지 그린LIGHT에 콩기름 잉크를 사용하여 제작되었습니다.

AI는 세상을 어떻게 바꾸는가

장동선 지음

AI & HUMAN

장동선 박사의 인공지능 이야기

김영사

차례

3장 인간과 인공지능은 어떻게 공존해야 할까

'미래에는 무엇이 달라질까?'

이 질문에 답할 때 결코 빠질 수 없는 것이 인공지능 Artificial Intelligence이다. 미래를 상상하는 여러 SF 소설과 영화에 등장하고, 수많은 교수, 연구자, 기업의 전문가들이 앞으로 우리 삶을 가장 크게 바꾸어 놓을 요소로 인공지능을 꼽는다.

인공지능이란 대체 무엇일까? 정확히 말하면, 우리가 인공지능에 대해서 이야기할 때 모두가 같은 개념을 이야기하고 있지는 않다.

'인공지능'이라는 단어를 사용할 때 그 사람의 머릿속에 어떤 이미지가 떠오르는가를 뇌 스캐너로 살펴볼 수 있다면, 아마 사람들이 서로 전혀 다른 것들을 상상하고 있음을 알 수 있을 것이다. 사람들 대부분은 신체가 없는 인공지능을 상상하기 어려워한다. 가령 영화 〈터미네이터〉 시리즈에 나오는 인조인간 또는 로봇을 상상하거나, 과학이나 기술에 관심이 많은 사람이라면 슈퍼컴퓨터나 거대 서버 시설을 떠올릴지도 모른다.

만약 인공지능 전문가들에게 묻는다면 이와는 달리 소프트웨어를 떠올릴 것이다. 인공지능은 특정한 형태로 작성된 알고리즘, 즉 프로그래밍 코드일 뿐이다. 전문가들에게 인공지능이란 기본적으로 '공부하는 기계', 즉 기계 학습Machine Learning 코드다. 인간이 학습하는 방식이 다양하듯 기계 학습에도 다양한 방식이 있다. 그 가운데 대표적인 것이 잘 알려진 '딥러닝Deep Learning'이다.

나는 인공지능 전문가는 아니지만, 인간의 뇌와 행동을 전공으로 두고 연구했고, '미래에 인간이 어떤 기술을 통해 서로 소통하고 교류할까'라는 주제에 오랫동안 관심을 가져왔다. 나 같은 뇌과학 전공자에게 미래에 있을 인공지능의 모습을 상상해보라고 하면, 아마도 '뇌'의 이미지를 떠올릴 것이다. 그 뇌에는 여러 형태의 칩들이 인공지능과 연결되어 있을지 모른다. 뇌에 붙어 있는 전자두뇌를 통해 클라우드 서버에 있는 수많은 정보와 나를 연결한다. 뇌를 많이 써야 하는 복잡한 학습과 계산은 이 보조 두뇌를 활용하고, 보조 두뇌의 인공지능은 나의 몸뿐만 아니라 내 주변의 컴퓨터, 로봇, 드론, 자율주행 자동차 등을 자유자재로 조종한다. 우리가 요즘 자주 말하는 '메타버스Metaverse'의 최종적인 모습이 이렇지 않을까?

이 책에 이처럼 인공지능과 인간의 미래가 어떤 모습일지를 그리는 다양한 시각을 담아보려 했다.

1장에서는 유토피아와 디스토피아, 그리고 다양한 미래 시나리오를 통해서 인간과 인공지능이 어떠한 방식으로 함께 진화해나갈 수 있을지를 살펴본다. 그리고 인공지능을 기반으로 인간의 능력을 어떠한 방식으로 향상할 수 있을지 알아본다.

2장에서는 인공적으로 생명과 지능을 창조하고자 했던 인류의 여러 시도를 살펴보고, 그로부터 생겨난 계산 기계, 컴퓨터, 수학과 논리, 소프트웨어의 역사를 짚어본다. 나아가 인공지능의 현대적 개념이 어떻게 생겨나고 발전했는지 알아본다.

3장에서는 좀 더 거시적인 관점에서 생명과 지능의 탄생과 진화를 살펴본다. '인공지능 윤리'가 필요한 이유를 알아보고, 이것이 어떻게 인간과 인공지능의 미래로 이어지는지, 무엇이 인간을 더욱 행복한 미래로 이끌 수 있을지 그려본다.

인공지능과 관련된 방대한 내용을 담을 수 없어 개념과 아이디어, 시나리오 등을 간략하고 짧게 언급할 수밖에 없었던 한계가 아쉽지만, 이 책을 통해 새로운 질문과 궁금증이 생겨나면 좋겠다. 더 깊이 공부할 수 있는 추천 서적들은 책의 뒷부분에 추가했다.

인공지능이 인간의 삶 한가운데로 들어올 미래에는 어떤 것들이 가능할까? 인공지능과 인간이 공존하는 새로운 시대를 준비하는 우리는 어떻게 바뀌어야 할까? 미래를 살게 될 다음 세대를 위해서는 무엇이 필요할까?

누구도 미래를 정확히 알 수 없다. 미래학자 앨런 케이는, 미래를 예측하는 가장 좋은 방법은 그 미래를 스스로 창조하는 것이라고 말했다. 이 책이 새로운 미래를 상상하고 만들어가는 이들에게 작은 도움이라도 되기를.

2022년 1월, 장동선

책을 쓰기 위해 헤드셋을 착용하고 나만의 집필 공간으로 들어서
는 순간, 갑자기 예상치 못한 일이 일어났다. 잠시 정신과 몸이 분
리되는 경험을 하고 깜짝 놀라 눈을 뜬 나는 한 번도 와본 적 없는
가상공간 안에 있는 나를 발견했다. 서서히 눈의 초점을 맞춘 나는
마치 우주에 떠 있는 것처럼 내가 크기를 알 수 없는 어떤 공간에
와 있음을 알았다. 내 앞에는 형체를 구분하기 어려운 구체가 여럿
빛나고 있었다.

"환영한다, 인간이여."

빛이 나는 구체에서 말소리가 흘러나오자 내 시각과 청각이 동

시에 자극을 받았다.

"이곳에서는 서로 다른 시간과 공간의 미래에서 온 자들이 만나 세계가 각각 어떠한 미래로 갈라져 발전했는지 공유하고 논의한다. 오늘 우리는 그대를 여기에 초대해 그대의 시간과 공간에서 지구가 경험하고 있는 변화를 알고자 한다. 참여할 의사가 있는가?"

"물론 있습니다. 과학자는 늘 미래를 궁금해합니다. 당신들은 어떤 미래에서 왔나요?"

나는 궁금증을 참지 못하고 물었다. 구체 뒤에는 누가 있을까? 사람일까, 아니면 인공지능일까?

"우린 미래에서 왔지만 우리 중에는 인간도 있고, 인간이 아닌 자도 있다. 혹시 그대는 인공지능을 연구하는 전문가인가?"

"아닙니다. 저는 뇌를 연구하는 과학자입니다. 하지만 인간의 마음과 정신의 미래에 대해서도 관심이 많습니다. 제 연구 분야는 인공지능 연구와 맞닿아 있습니다."

"사실 뇌 과학과 인공지능 연구를 서로 구분하지 않는 미래도 많다."

"하나의 미래만 있는 게 아니라는 말인가요?"

"그렇다. 미래는 아직 선택되지 않았다. 그래서 수많은 가능성이 존재한다. 우리는 그 가능성을 분석하기 위해 그대와 대화를 하려는 것이다. 이곳에서는 서로 다른 여러 갈래의 미래가 과거와 만난다. 우리는 여러 시대와 장소의 증인들을 이 공간에 불러내고 있다. 이제 인터뷰를 시작해도 괜찮겠는가?"

인간과 인공지능의 현재
그리고 미래

1
인공지능이 만드는
유토피아와 디스토피아

역사적으로 미래 예측은 늘 크게 두 개의 범주로 나뉘었다. 한쪽에는 미래가 더 풍요롭고 살기 좋게 발전할 거라고 믿는 낙관론자들의 꿈이 있다. 다른 한쪽에는 그와 반대로 현재의 잘못을 계속 이어가면 미래는 암울하고 살아남기 어려운 비참한 모습으로 전락할지 모른다는 비관론자들의 우려가 있다.

1) 유토피아

유토피아Utopia는 낙관론자들의 장밋빛 미래를 지칭하는 대표적인 개념으로 쓰이고 있다. 영국 사상가 토머스 모어Thomas More가 1516년 라틴어로 쓴 동명의 책에서 처음

토머스 모어의 《유토피아》 초판 삽화.

사용한 이 용어는 그리스어 ou(없다)와 topos(장소)를 결합한 말로 사실은 '세상 어디에도 없는 곳'을 의미한다. 즉, 일종의 이상적인 사회를 뜻한다.

이상적인 사회가 지닌 특징은 무엇일까

모어는 《유토피아》에서 가난과 범죄, 폭력이 없는 사회를 그린다. 유토피아의 주민은 모두 자기가 원하는 교육을 받을 수 있고 하루에 6시간 이상 일할 필요가 없다. 그 외에는 자유롭게 취미생활을 즐기는데, 대부분의 시간을 독서 등을 하며 보낸다. 이들은 아프면 병원에 가서 무료로 치료를 받고, 식사는 공용 장소에서 무료로 제공받으며, 음식은 모든 주민이 돌아가면서 준비한다.

이곳에는 강력한 군대가 있지만 먼저 전쟁을 일으키거나 싸움을 시작하는 일은 없고 폭정으로 인해 고통받는 이를 해방시키기 위해서만 전쟁을 한다. 나아가 모든 사람의 평등을 기반으로 한 평화를 지향하기에 사회가 안정적이다.

그런데 흥미롭게도 인공지능Artificial Intelligence이 불러올 미래를 낙관하는 시각은 토머스 모어가 《유토피아》에서 묘사한 사회와 매우 유사한 그림을 그린다. 그 미래에서는 인간이 해야 할 일을 모두 인공지능과 로봇이 하고, 온라인상에 존재하는 모든 지식과 정보를 모두에게 공개해 사람들은 평생 새로운 것을 배우고 즐긴다. 또한 기술 발달로 병을 대부분 치료해 수명이 늘어나며 완벽한 치안 시스템 아래 범죄의 여지가 사라져 모든 사람이 안전하게 살아간다.

이런 사회는 어떻게 가능할 수 있을까

토머스 모어가 묘사하는 유토피아에서 이것이 가능하려면 몇 가지 중요한 조건을 충족해야 한다.

첫째, 모든 가정이 노예를 두 명 이상 소유한다. 유토피아의 사회 시스템은 주민들이 일하지 않도록 궂은일을 대신 해주는 노예가 없으면 지탱할 수 없다.

둘째, 돈과 보석을 비롯해 그 어떤 사유재산도 인정하지 않는다. 유토피아는 모든 주민이 모든 재화를 공유하며 필요한 것을 서로가 서로에게 제공하는 완벽한 공유사회다.

셋째, 유토피아에서는 해를 숭배하든 달을 숭배하든 모든 종교를 인정하는 반면 어떠한 신도 믿지 않는 무신론자는 핍박당한다. 그 이유는 그들이 현생을 넘어서는 어떤 종류의 천국과 지옥, 보상과 징벌도 믿지 않기에 현생에서 자신의 욕심을 채우기 위해 유토피아라는 공유사회의 법과 규칙을 어길 거라 판단하기 때문이다.

그럼 인간과 인공지능이 공존하는 미래에는 모어가 그리는 유토피아의 사회 시스템을 실제로 구현할 수 있을까? 한번 상상해보자.

먼저, 유토피아 사회의 모든 가정이 누리는 노예 노동은 인공지능과 로봇의 노동력으로 실현할 수 있다. 이미 각 가정은 진공청소기나 로봇청소기를 사용하고 있고 취사도구로 전기밥솥과 전자레인지 등을 이용한다. 어쩌면 서로 다른 모든 가전기기를 다루면서 인간이 원하는 가사 노동을 대신 해줄 로봇이 등장하는 것은 시간문제일지도 모른다.

다음으로, 돈과 보석 등 실물 가치를 지닌 재화를 직접 쌓아두고 있는 가정은 지금도 거의 없다. 오히려 현금을 갖고 다니는 사람조차 점점 줄어드는 추세이며 신용카드나 계좌 이체, 간편결제 시스템을 이용해 결제하는 경우가 더 많다. 결국 가까운 미래에 내가 누구인지 생체 인증만 할 뿐 '돈'이라는 것이 필요 없어질 수도 있다. 또한 이동하거나 독서 혹은 영화 관람을 할 때는 공유 모델을 이용하고, 음식이나 화장품 같은 것을 소비할 때는 제때 집으로 배달해주는 구독 모델을 활용하면 서비스는 대부분 공유 서비스나 구독 경제로 해결이 가능하다. 나아가 모든 결제 시스템은 '내가 어떤 서비스를 얼마만큼 이용했는지', '이를 지불하기 위해 어떤 경제 활동을 했는지' 등 전체 플러스와 마이너스를 인공지능이 통합 계산해 내 온라인 계정에 기록하는 디지털 화폐 형태로 바뀔 수 있다.

마지막으로,《유토피아》에 나오는 해와 달과 행성을 숭배하는 신앙은 제각각 다른 종류의 인공지능 시스템을 믿는 형태로 바뀔 수 있다. 사회 시스템 전체가 인공지능과 로봇의 노동을 비롯해 인공지능이 계산해주는 경제 활동, 신용,

가치 연산을 기반으로 돌아가려면 인공지능을 절대적으로 신뢰해야 한다. 분명 이 사회에서는 모든 인간이 인공지능을 숭배에 가까울 정도로 믿을 것이다. 인공지능의 계산을 의심하는 인간은 모어의 《유토피아》에 나오는 무신론자처럼 사회에서 잠재적으로 위험한 인간으로 분류할 가능성이 높다.

우리가 인공지능을 충분히 신뢰하면 가난과 범죄가 사라지고, 인간이 직접 노동할 필요가 없으며, 교육과 의료를 무료로 제공하는 이상적인 사회를 실현할지도 모른다. 실제로 전 세계의 많은 IT기업이 이러한 미래를 실현하기 위해 연구와 개발에 몰두하고 있다. 이들은 인공지능의 가능성과 장밋빛 미래를 믿는 낙관론자다.

인공지능이 펼칠 유토피아를 확신하는 근거에는 한 가지 가정이 깔려 있다. 이는 인공지능은 어디까지나 인간이 사용하는 도구이며 결코 주인인 인간을 넘어서지 않을 거라는 가정이다. 마치 토머스 모어의 《유토피아》에 나오는 노예들처럼 말이다.

2) 디스토피아

유토피아의 어원은 그리스어 eu(좋은, 진실한)와 topos(장소)의 결합으로 해석할 수도 있다. 그런데 이를 뒤집으면 디스토피아Dystopia, 즉 그리스어 dys(나쁜)와 topos(장소)가 결합한 '나쁜 곳'이라는 의미가 된다.

디스토피아라는 용어를 이런 뜻으로 처음 사용한 사람은 영국 철학자이자 사상가인 존 스튜어트 밀John Stuart Mill로, 그가 1868년 의회 연설에서 이 말을 썼다는 기록이 있다. 이와 비슷하게 '가장 나쁜 사회'를 지칭하고자 유토피아의 의미를 뒤집어서 사용한 말로 카코토피아Cacotopia가 있는데, 이는 1818년 영국 철학자 제러미 벤담Jeremy Bentham이 사용했다고 알려져 있다. 밀과 벤담은 모두 현실 정치를 바꾸기 위해 '가장 나쁜 사회'를 디스토피아 혹은 카코토피아로 지칭하며 이 개념을 상징적으로 사용했다.

한편 19세기 말부터 20세기 초에 등장한 여러 디스토피아 소설은 훨씬 더 먼 곳의 미래를 그리며 '미래가 희망적이지 않다면?'이라는 질문을 던졌다. 그 원조 격인 디스토피아 소설은 바로 1895년 허버트 조지 웰스Herbert George Wells가 발표한 《타임머신》이다.

시간여행을 발견한 이 책의 주인공이 80만 년 후 세상으로 돌아와 마주한 후대의 인류는 아름답고 우아하며 어린아이 같은 엘로이족Eloi과 유인원 같은 생김새에다 행동이 야수에 가까운 몰록족Morlock으로 나뉘어 있었다. 어떠한 위험과 도전도 겪을 필요 없이 기술이 모든 욕구를 완벽하게 해결해주는 유토피아 세상에서 오랜 기간 생활해 신체 능력은 물론 호기심과 도전정신, 지성까지 퇴화한 진화의 결과물이 엘로이족이다. 반면 기술의 혜택을 받지 못하고 변방으로 밀려난 인류는 오히려 더 동물처럼 본능에 충실해 야수같이 진화한 몰록족이 된다. 이것은 유토피아 세상이 도래하는 것이 결코 인간에게 유익한 결과가 아닐 것임을 경고한 최초의 소설 중 하나다.

인공지능이 더 발전해 인간이 필요로 하는 모든 서비스를 디지털로 제공할 수 있게 되면 인간의 여러 신체 능력이 정말로 퇴화할지 모른다는 상상은 이후에도 여러 소설과 영화에 등장했다. 그중 대표적인 것이 2008년 픽사Pixar가 제작한 애니메이션 〈월-E〉다. 이 작품에는 로봇만 남고 폐허로 변한 지구가 등장하는데 인류는 우주로 탈출해 우주선을 타고 여행을 한다. 하지만 오랜 기간 기계의 도움을 받으며 사느라 근육을 움직이지 않은 인류는 신체 능력이 퇴화한 존재로 묘사된다.

가장 암울하면서도 현실적인 디스토피아의 미래를 그린 소설 중 하나는 1920년대에 발표된 구소련 작가 예브게니 자먀찐Yevgeny Zamyatin의 《우리들》이다. 이 소설 속 미래에서는 인류가 전 세계를 하나의 국가인 '단일 제국One State'로 통일하고 지구를 벗어나 우주를 탐험하기 위한 프로젝트를 진행한다. 사람들은 모두 투명한 유리 건물로 이뤄진 도시국가에서 살아가는데 그들의 삶은 과학에 기반해 통제와 관리를 받는다. 그들은 이름이 아닌 번호로 불리며 개인 행동은 단일 제국이 계산한 공식과 방정식에 따라 정해진다. '모두를 이롭게 하는 자Benefactor'로 불리는 이 세계의 통치자는 모든 수학공식의 최종 통제자다.

이 소설이 그린 미래는 어떤 의미에서 인공지능이 완벽하게 통제하고 조절하는 사회의 시나리오를 거의 정확히 보여준다. 이를테면 모두의 건강과 행복을 위해 인공지능이 개개인의 선택을 계산하고 예측한다. 즉, 어떤 사람이 누구를 만나 사랑에 빠질 것인지까지 예측하고 통제할 정도로 철저히 논리와 이성, 과학을 바탕으로 운영하는 미래 사회

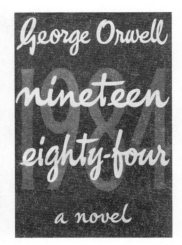

《멋진 신세계》와 《1984》의 초판본 표지.

다. 한마디로 이 소설은 인공지능이 '모두를 이롭게 하기 위해' 시스템 통제권을 모두 소유할 때 발생할 수 있는 디스토피아적 미래를 보여준다.

디스토피아 소설과 마찬가지로 암울한 미래를 다룬 유명한 두 SF 소설은 올더스 헉슬리Aldous Huxley가 1932년 출간한 《멋진 신세계Brave New World》와 조지 오웰George Orwell이 1949년 출간한 《1984》다.

두 소설은 모두 사람들이 완벽하게 통제를 받는 디스토피아적 미래 사회를 그리고 있으나 그 방식은 서로 다르다.

《멋진 신세계》에서는 집과 직업, 행복을 주는 마약 등 사람들의 기본 욕구를 충족해주는 모든 것을 정부가 제공한다. 과학 기술은 사람들이 무엇을 원할지 예측하는 데 쓰이고 질병과 노화는 물론 생명 탄생까지도 결정한다. 사람들은 자기 욕망에 따라 조종을 당하며 그들을 움직이는 힘은 스스로 추구하는 쾌락이다.

《1984》에서는 모든 사람이 '빅 브라더Big Brother'의 감시를 받고 과학 기술은 사람들의 생각과 말, 행동을 녹취하거나 분석하는 데 사용한다. 사람들은 시스템이 무너질 경우 다가올 생존 위험을 계속 세뇌당하면서 시스템을 따르도록 강요받는다. 이 사회에서 사람들을 움직이는 강력한 힘은 두려움이다.

《멋진 신세계》와 《1984》는 두 가지 측면에서 인공지능을 또 다른 의미로 이용할 가능성을 모두 보여준다.

먼저, 사람들이 무엇을 원하는지 정확히 예측하는 개인화한 인공지능 알고리즘은 일상생활에 엄청난 편리함을 제공한다. 더구나 이를 생명과학 분야에 적용하면 자신을 바꾸고 업그레이드할 수 있다. 그러나 이것을 모든 사람이 누리지 못하면 《멋진 신세계》에 등장하는 것처럼 이 기술 자체가 서로 다른 계급의 인간을 만들어낼 수도 있다. 소설 속에서는 지식과 정보를 가장 많이 보유한 리더와 교수, 과학자 같은 지식인 부류가 높은 계급을 차지한다. 반대로 낮은 계급일수록 지적 능력이 떨어지지만 이들은 태아 때부터 혈액에 더 높은 농도의 알코올이 섞이기 때문에 스스로 그 차이를 크게 인지하지 못한 채 만족하며 살아간다.

그다음으로, 개인화한 인공지능 알고리즘을 악용할 경우 사람들이 자신이 좋아한다고 믿는 정보의 필터 버블Filter Bubble(이용자의 관심사에 따라 필터링한 인터넷 정보) 또는 에코 체임버Echo Chamber(비슷한 성향의 사람들이 소통하면서 다른 이들의 말은 들리지 않고 자신들의 이야기만 증폭돼 진실처럼 느끼는 상황) 안에 영원히 갇혀 살게 만들 수 있다.

사람들의 취향을 정확히 예측하기 위해서는 매 순간 사람들의 말과 행동을 모두 데이터로 수집하고 분석할 수밖에 없다. 인공지능 어시스턴트가 자신을 부르는 명령어에 실시간으로 반응하게 하려면 마이크를 항상 켜놓아야 하고, 제스처에 반응하도록 하기 위해서는 카메라 센서를 늘 켜두어야 한다. 이 말은 곧 우리에게 편리함을 제공하는 인공지능 시스템이 매 순간 우리 정보를 수집하고 있다는 의미다.

그런데 이런 정보가 해커에게 넘어가거나 해킹으로 유

출될 경우 우리의 일거수일투족이 타인에게 공개되는 것은 물론 심지어 우리가 협박을 당할 수도 있다. 그뿐 아니라 《1984》에서 묘사하듯 타인이 정보를 조작하거나 바꿔 우리의 기억과 생각을 조종할 수도 있다. 가령 어떤 정보를 보여주느냐에 따라 거짓을 진실이라고 믿게 만드는 것도 가능하다.

이런 시나리오는 〈블랙 미러Black Mirror〉처럼 미래를 그리는 여러 드라마와 영화 시리즈에 자주 등장하는데, 섬뜩한 것은 이러한 디스토피아적 시나리오가 미래에 등장할 예정이 아니라 이미 우리의 현재 삶 속에 나타나고 있다는 사실이다.

19세기 말에서 20세기 중반에 나온 디스토피아 소설은 주로 사람들의 삶을 통제해 자유의지가 사라진 미래 세상을 그렸으나, 20세기 중반 이후와 21세기 들어 묘사한 디스토피아 영화에는 인공지능이 인간을 넘어서서 주도권을 장악하는 미래가 자주 등장한다.

인공지능이 등장하는 디스토피아 영화 중 대표적인 것은 1968년 SF 작가 아서 C. 클라크Arthur C. Clarke의 동명 원작 소설을 기반으로 한 스탠리 큐브릭Stanley Kubrick 감독의

영화 〈2001: 스페이스 오디세이〉와 〈터미네이터〉 포스터.

〈2001: 스페이스 오디세이〉다. 여기에 등장하는 슈퍼컴퓨터 HAL 9000은 어느 순간 자기 존재를 자각하는 초지능 Superintelligence으로 변해 목성으로 가는 우주선에 탑승한 인간들을 죽이기 시작한다.

인공지능이 인간을 말살하는 디스토피아식 미래를 말할 때 가장 자주 입에 오르내리는 영화는 1984년 처음 개봉한 〈터미네이터Terminator〉 시리즈다. 이 영화에서는 인간을 말살하려 하는 AI 시스템 스카이넷이 터미네이터라는 사이보그 암살자를 미래로 보낸다. 인공지능이 인간을 넘어서는 지능을 얻어 세계를 장악하는 시나리오는 2004년 개봉한 영화 〈아이, 로봇I, Robot〉에도 등장한다.

1999년 개봉한 영화 〈매트릭스Matrix〉 시리즈에는 인간을 게임 같은 가상공간에 가둬두는 인공지능 시스템이 등장하고, 같은 해 개봉한 데이비드 크로넨버그David Cronenberg 감독의 영화 〈엑시스텐즈eXistenZ〉도 비슷한 스토리를 묘사한다. 인간이 주인이 아니라 게임 속 알고리즘이 그 안에 인간을 가두고 실제 세상을 장악하려는 시도는 가상공간과 증강현실이 우리 삶에 더욱 가까이 다가온 요즘 더욱 섬뜩하게 느껴진다.

2013년 개봉한 스파이크 존즈Spike Jonze 감독의 영화 〈그녀Her〉와 2014년 개봉한 알렉스 가랜드Alex Garland 감독의 데뷔작 〈엑스 마키나Ex Machina〉는 인간의 사랑이라는 감정을 읽어내고 조작할 줄 아는 인공지능을 묘사하고 있다.

인공지능이 등장하는 디스토피아 소설과 영화의 공통적인 특징은 인공지능이 인간과 같은 수준 또는 인간을 넘어서는 수준의 지능을 획득한다는 점이다. 인공지능이 인간을 넘어선다는 상상은 그 자체로 암울하고 섬뜩하게 다가오는 모양이다.

인공지능이 인간 수준의 지능 혹은 인간을 넘어서는 수준의 지능을 획득하는 것이 꼭 그렇게 끔찍한 미래로만 이어 질까?

아직 일어나지 않은 일이지만 실제로 과학자나 IT업계 리더 중에는 깊은 두려움을 보이며 그런 미래를 경고하는 사람이 많다. 대표적인 과학자로 이론물리학자 스티븐 호 킹Stephen Hawking은 2018년 타계하기 전까지 인간을 넘어선 인공지능을 지속적으로 경고했다. 실리콘 밸리와 IT업계에 서는 마이크로소프트 창업자 빌 게이츠Bill Gates, 테슬라와 스페이스X 창업자 일론 머스크Elon Musk가 계속해서 인간 의 지능을 넘어선 인공지능의 초지능 출현을 경고해왔다.

인공지능이 불러올 디스토피아를 확신하는 근거에도 역 시 한 가지 가정이 깔려 있다. 그것은 인공지능이 인간의 도 구가 아니라 인간을 넘어서서 주인이 될 때 인간의 미래는 암울할 거라는 믿음이다. 이는 우리가 이해할 수 없는 존재 의 지배라 더욱더 두렵게 느껴진다.

2
인간과 인공지능의 미래,
세 가지 시나리오

AI, 즉 인공지능은 미래에 어디까지 발전할까? 과연 인공지능이 인간을 넘어설까? 우리는 크게 세 가지 서로 다른 시나리오로 구분해서 이 질문에 답할 수 있다.

1) 시나리오 1: AI는 인간이 사용하는 또 다른 도구 중 하나다

인공지능이 생소한 사람들은 영화 〈터미네이터〉에 나오는 기계 병사와 미래 인류를 말살하는 로봇을 먼저 떠올릴지도 모른다. 그렇지만 매일 인공지능을 사용하고 개발하는 소프트웨어 프로그래머에게 인공지능은 그저 컴퓨터 프로그래밍 언어로 작성한 알고리즘algorithm, 그러니까 컴퓨터가 할 일들을 지칭하는 여러 줄의 코드code일 뿐이다.

지난 수십 년간 컴퓨터 연산 능력이 꾸준히 높아진 덕택에 계속 진화해온 알고리즘은 이제 놀라운 일을 많이 해내지만, 아직 혼자서 세상을 탐험하며 인간의 관여 없이 자발적으로 의사결정을 내리는 인공지능 알고리즘은 없다. 많은 프로그래머와 개발자, IT 비즈니스 종사자는 앞으로도 그럴 거라고 생각한다. 초기 인공지능 연구자들 역시 인공지능은 인간의 일을 대신 해줄 유용한 도구로서 가치가 크다고 믿었고 인공지능을 연구하며 인간을 더 많이 알게 될 거라 여겼는데, 이를 '약인공지능Weak AI'이라 부른다.

기술 발달로 세상에 새로운 것이 등장할 때마다 사람들은 처음에 그 새로운 기술을 불안과 두려움의 시선으로 대한다. 기계가 인간을 대체할 거라는 공포는 오래전부터 있어 왔다.

1차 산업혁명 때 증기기관을 발명해 공장 생산을 기본으로 하는 기계화 혁명이 일어나자 사람들은 자신의 역할이 사라질 것을 두려워했다. 자동차가 처음 세상에 등장했을 때도 마부들은 자신의 직업이 사라질 것을 두려워했으나 마부라는 직업이 사라지는 대신 운전을 필요로 하는 더 많은 종류의 직업이 생겨났다.

2차 산업혁명의 주축인 전기에너지 보급으로 공장 자동화가 이뤄지고 라디오, 축음기, 영화 산업 등이 생겨날 무렵 사람들은 기계가 모든 것을 제조하고 생산하는 사회를 상상하며 두려워했지만 오히려 새로운 직종인 서비스업에 종사하는 사람들이 늘어났다.

마찬가지로 3차 산업혁명의 중심인 컴퓨터와 인터넷 발명 이후 발전한 지식정보산업 역시 초기부터 기계가 인간을 대체하지 않을까 하는 두려움과 함께 성장해왔다. 실은 3차 산업혁명의 연장선상에 있다고 볼 수 있는 이른바 4차 산업혁명의 중심에 놓인 인공지능 역시 이와 같을지 모른다.

어떤 기술이든 잘 몰라서 낯설 때는 두렵기 마련이지만 일단 익숙해지면 그저 일상 속에서 사용하는 도구 중 하나가 된다. 중요한 것은 그 도구를 사용하는 사람이 그것을 얼마나 현명하게 이해하고 사용하는가 하는 점이다.

2) 시나리오 2: AI는 인간을 뛰어넘어 또 다른 존재로 진화한다

인간보다 더 뛰어난 지능을 갖춘 인공지능이 결국 인간을 위협하는 시나리오는 수많은 SF 소설과 영화에 등장한다. 정말로 어느 순간 인공지능이 인간을 뛰어넘을까? 사람들은 오래전부터 그 순간을 예측해왔다.

초기 인공지능 연구자들은 인간과 똑같이 생각하고 인지하는 것은 물론 자아까지 갖춰 인간과 구분하기 어려운 인공지능을 '강인공지능Strong AI'이라 불렀고, 이를 인공지능 연구의 궁극적인 목표로 삼기도 했다. 강인공지능의 또 다른 명칭은 인공일반지능 또는 보편인공지능Artificial General Intelligence인데, 이는 체스나 바둑처럼 하나의 주어진 미션과 분야에서 성과를 내는 것이 아니라 모든 상황과 분야에 투입할 수 있는 인공지능이다. 가령 체스에서 기막힌 한 수를 배웠다면 이걸 응용해 전혀 다른 분야인 〈월드 오브 워크래프트〉에 적용하는 등 분야를 넘나들며 학습한 바를 응용한다. 아직은 이것이 가능한 인공지능이 존재하지 않지만 많은 전문가가 이런 인공지능이 나타나는 것은 시간문제라고 예측한다.

미래학자 레이 커즈와일Ray Kurzweil은 2005년 출간해 엄청난 파장을 불러일으킨《특이점이 온다》에서 기술이 인간을 초월하는 순간을 '특이점Singularity'이라 불렀고, 그 순간이 2045년 전에 찾아온다고 예측했다. 영국 옥스퍼드대학교 교수 닉 보스트롬Nick Bostrom은 2014년 출간한 저서《슈퍼인텔리전스》에서 일단 강인공지능 혹은 인공일반지능이 출현하면 인공지능이 순식간에 스스로를 개량하는 지식 폭발을 일으켜 초지능으로 진화할 거라고 예측했다. 2017년 한 포럼에서 이들을 만난 구글 딥마인드의 CEO 데미스 하사비스Demis Hassabis, 테슬라의 CEO 일론 머스크, UC 버클리대 컴퓨터공학과 교수이자 인공지능 전문가인 스튜어트 러셀Stuart Russell 등은 하나같이 초지능 출현이 몇십 년 안에 일어날 것이며 이는 시간문제일 뿐이라고 입을 모았다.

닉 보스트롬은 초지능을 두고 이렇게 말하기도 했다.

"지금 고릴라들의 운명이 그들 자신이 아닌 인간에게 달린 것처럼 인류 문명도 기계 초지능의 행동에 의존하게 될 것이다."

초지능이 인간과 어떤 방식으로 대립 또는 공존할지는 불확실하다. 여하튼 수많은 인공지능 연구자, 뇌과학자, 인지과학자, IT기업 대표가 초지능이 실제로 나타날 경우 그것이 어떤 형태로든 인간 사회에 커다란 파장을 미치리라는 점에 대체로 동의한다.

어떤 이들은 우리가 초지능이 사고하고 결론을 도출하는 방식을 결코 이해할 수 없을 거라며 우려한다. 일단 초지능이 탄생하면 인간 수준에서 초지능의 작동 방식에 영향을 주는 일은 더 이상 불가능하다. 또 다른 이들은 우리가 초지능 탄생을 위해 입력하는 수많은 인간 데이터와 인간을 모델로 한 사고 혹은 추론 방식 학습이 더 큰 문제일 거라고 걱정한다. 인간을 모델로 태어난 초지능이 인간 행동을 모방하기 시작하면 위험하다는 얘기다. 왜냐하면 역사를 통틀어 인간을 가장 크게 위협한 것은 늘 다른 인간이었기 때문이다.

3) 시나리오 3: AI는 인간과 융합해 서로 보완하며 진화한다

인공지능은 어떻게 인간의 지능을 뛰어넘는 초지능으로 진화할까? 닉 보스트롬 교수는 초지능을 다룬 자신의 저서에서 세 가지 시나리오를 제시한다.

첫 번째는 기계가 알고리즘으로 세상의 모든 정보를 스스로 학습하고 어느 순간 자각해 인간을 뛰어넘는 시나리오다. 이것은 유일하게 인공지능이 인간을 닮지 않고 전혀 다른 존재로 진화하는 시나리오를 담고 있다. 두 번째는 기계가 인간 뇌의 모든 작동과 기능을 스캔해 똑같이 구현하는 데 성공하는 시나리오다. 인간 지능의 디지털 복제 버전이 초지능이 된다는 말이다. 세 번째는 기계가 인간 뇌와 융합해 생물학적 뇌 기능을 보완하고 향상시키는 방향으로 공진화하는 시나리오다. 보다시피 두 번째와 세 번째 시나리오에서 초지능은 인간의 뇌 없이 진화할 수 없다.

많은 사람이 초지능 출현을 부정적으로 보는 경향이 있지만 '특이점'을 처음 이야기한 미래학자 레이 커즈와일은 사실 인공지능이 인간을 위협하는 방향으로 진화하지 않을 거라고 믿는다. 그가 말한 특이점은 많이 알려진 것처럼 인공지능이 인간을 넘어서는 순간이 아니라 인공지능과 인간이 서로 구분할 수 없을 만큼 하나가 되는 순간을 지칭한다. 책에서 그는 이렇게 말한다.

"나는 인공지능과 인간의 두뇌가 자연스럽게 하나가 될 것이라고 본다."

그는 인간의 대뇌 신피질 기능을 보조해주는 수많은 나노봇을 뇌에 주입함으로써 인간 지능을 엄청나게 높이고 다른 사람들과 의식을 연결해 새로운 깨달음을 얻는 시나리오 등을 제시한다.

흥미롭게도 초지능 출현을 두려워하는 일론 머스크도 이같은 상황에 대비하는 가장 좋은 방법으로 인간의 뇌를 업그레이드하는 기술 방법론을 택했다. 2016년 스타트업 뉴럴링크Neuralink를 설립한 그는 인간의 뇌에 칩을 이식해 컴퓨터 또는 인공지능과 직접 정보를 주고받을 수 있는 기기를 만들겠다고 선언했다. 그가 내놓은 답은 인간의 뇌 안에 500원짜리 동전 크기의 칩을 이식해서 뇌 안의 신호를 읽는 한편 뇌에 신호를 직접 전달하는 기술을 구현하는 일이다. 이는 궁극적으로 세상의 수많은 지식과 정보를 쉼 없이 스캔하고 저장하고 읽는 인공지능에 대항해 인간의 뇌에 그 같은 능력을 부여하기 위함이다.

정리하자면 초지능 출현을 말하는 많은 학자와 전문가가 초지능이 진화 과정에서 결국 인간의 뇌와 연결돼 상호보완하며 함께 진화할 것이라는 시나리오를 이야기한다. 인류의 발전 방향에서 점차 인간증강Human Augmentation이 이뤄져 궁극적으로 인간의 뇌와 인공지능이 하나가 되는 미래가 올 수도 있다.

3
인공지능으로
인간이 향상된다면

인공지능과 함께할 미래가 유토피아일지 디스토피아일지 토론하는 것은 분명 흥미로운 일이다. 하지만 최근에는 알 수 없는 미래에 베팅하기보다 스스로 꿈꾸는 미래를 직접 만들고 준비하자는 움직임이 더 많이 생겨나고 있다.

"미래를 예측하는 가장 좋은 방법은 그 미래를 창조하는 것이다The best way to predict the future is to invent it."

이 말은 컴퓨터공학계의 선구자 중 한 명인 미래학자 앨런 케이Alan Kay가 한 것으로 알려져 있다. 이미 실리콘 밸리를 비롯한 미국의 많은 기업이 몇십 년째 스스로 만들어내는 미래를 자신들의 모토로 삼고 있다.

현재 '알파벳'으로 불리는 구글의 CEO 에릭 슈미트Eric

Schmidt는 2010년 인간증강 또는 증강인간Augmented Humanity 개념을 제안하며 이것을 "과학과 기술을 이용해 인간의 능력을 증강하고 이를 기반으로 궁극적으로 인간과 기계의 경계를 극복하려는 시도"라고 설명했다. 이처럼 인간과 기계의 경계를 극복하려는 시도에는 어떤 것이 있을까?

2020년 한국과학기술기획평가원KISTEP의 기술예측센터와 한국전자통신연구원ETRI의 기술정책연구본부는 공동으로 보고서 〈디지털 휴먼증강 미래 유망 기술-서비스〉를 내놓았는데, 이들은 특히 국내외 문헌과 전문가 인터뷰 등을 기반으로 인공지능과 디지털 기술을 활용해 어떤 인간증강 기술이 유망할지 예측했다.

인간증강 분야는 크게 세 가지로 분류한다. 첫째는 뇌의 기억, 인지, 창의 능력을 높여주는 두뇌 능력 증강 분야다. 둘째는 몸의 근력, 감각, 면역 기능 등을 향상시키는 신체 능력 증강 분야다. 그리고 셋째는 두뇌와 신체를 아울러 소통과 감정 제어까지 포함한 감성 능력 증강 분야다. 여기서 증강 기술 적용 분야는 예방과 회복, 향상으로 나뉜다.

1) 뇌 기능 증강

인간의 타고난 뇌는 지난 수만 년 동안 기본적으로 크게 진화하지 않았기에 인공적으로 뇌의 기능을 증강시키려는 시도가 여러 면에서 이루어졌다. 그중 하나가 뇌에 전자칩을 심으려는 시도다. 1870년대에는 독일의 두 신경생리학자 에두아르트 히치히Eduard Hitzig와 구스타프 프리치Gustav Fritsch가 살아 있는 개의 뇌에 전극을 심어 움직임을 제어할 수 있음을 보여주었다. 1950년대 이후에는 바퀴벌레 같은 곤충의 뇌에 전자칩을 심어 원격 조종하는 바이오텔레메트리Biotelemetry 실험을 계속해왔다. 2006년에는 미국 국방성 산하 방위고등연구기획국DARPA이 곤충 사이보그 연구를 지원한다고 공고하면서 바퀴벌레, 장수풍뎅이, 나방을 비롯해 다양한 곤충을 대상으로 한 연구가 이어졌다. 최근에는 인간과 곤충의 뇌를 연결해 생각만으로 곤충을 움직이는 장치와 관련된 연구도 등장했다.

뇌 속에 전극을 삽입해 직접 자극을 주는 수술인 DBSDeep Brain Stimulation는 미국 식품의약청FDA의 공식 승인을 받은 치료법 중 하나로 1997년부터 시술이 이뤄졌다. 이는 뇌 속 깊숙이 전극을 심어 도파민 등 신경전달물질 분비와 관련된 영역을 자극하는 방식으로 파킨슨병이나 투렛증후군, 뇌전증 등을 치료하는 데 효과적인 방법 중 하나다.

가장 최근에는 사람들이 자기 뇌에 전해지는 자극을 직접 제어하게 해서 우울증 환자를 비롯한 정신질환자가 무기력증 등의 증상을 스스로 치료하도록 하는 방법도 개발하고 있다.

뇌 기능 증강을 위한 시도는 다양하게 이뤄지고 있다. 예를 들어 미국 캘리포니아주립대학교 버클리 캠퍼스의 마이클 마하르비즈Michel Maharbiz 교수팀이 개발한 신경 먼지Neural Dust 기술은 전극마저 필요 없을 만큼 아주 작은 센서와 칩을 뇌 안에 뿌리면 거의 반영구적으로 뇌 속 신경세포와 신호를 주고받고 그 신호를 외부에 전달한다.

영화 〈리미트리스Limitless〉에 등장하는 것처럼 복용하면 기억력과 집중력을 집약적으로 높여 뇌 기능을 증강하는 신경증강Neuroenhancement 기술과 누트로픽Nootropics 분야 역시 많은 연구가 이뤄지고 있다. 성인의 주의력결핍 과잉행동장애ADHD나 초기 치매증상 치료에 쓰이는 약 중 일부가 집중력과 학습 능력 증가 효과를 낸다고 해서 오남용하는 예도 보고되고 있다.

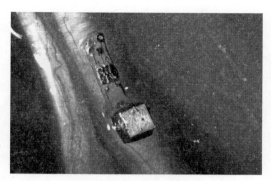

마하르비즈 교수팀의 신경 먼지 실험. 출처: Neely et al., 2017.

칩 이식이나 약물 복용을 통한 뇌 기능 증강 시도는 여태까지 인공지능 알고리즘과 상관없이 시도되었다면, 최근에 이슈가 되고 있는 일론 머스크의 뉴럴링크는 인간의 뇌를 인공지능과 연결하는 것을 최종 목표로 삼고 있다. 데이터를 학습, 저장, 기억하는 데 한계가 있는 인간의 뇌를 전자칩을 통해 인공지능과 인터넷에 연결하는 인간-기계-인터페이스Brain-Machine-Interface, BMI를 구현하는 것이 인공지능의 압도적인 능력에 대항하기 위한 머스크의 목표다. 이를 위해 인간의 뇌에 이식할 수 있는 500원짜리 동전 크기의 전자칩과 정밀한 수술 기계도 이미 개발했고, 이미 돼지와 원숭이를 대상으로 실험도 이루어지고 있다. 하지만 뇌로부터 출력 신호를 읽어내는 데는 성공했지만, 뇌에 직접

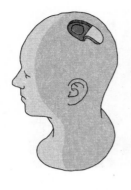

2020년 8월 뉴럴링크가 공개한 미래 뇌 임플란트 칩 시안.

정보를 입력하는 기술은 개발되지 못했기에 아직은 근본적인 한계가 있다.

앞으로 인공지능 기술은 개개인의 건강상태 체크와 모니터링에도 보다 광범위하게 쓰일 것으로 보인다. 또한 특정약물이나 건강보조식품 복용이 낳는 효과도 일상생활 속에서 긴 시간 동안 측정하고 관찰하는 것이 가능해질 전망이다. 어떤 약이 부작용 없이 긍정적인 능력 증강 효과를 내는것을 실제로 정확히 체크할 수 있으면 각 개인에게 맞는 용량의 약과 식품을 복용하는 데 큰 도움을 줄 것이다.

2) 신체 능력 증강

인간의 신체 능력은 여러 가지 방법으로 증강할 수 있는데 그중 하나는 인간의 뇌를 직접 로봇과 연결해 기계가 움직이게 하는 기술이다. 가령 미국 브라운대학교 연구진은 2012년 전신마비 환자의 뇌를 로봇과 연결해 생각만으로 로봇팔을 움직여 음료수 병을 들어 마시는 데 성공한 연구 결과를 발표했다. 그리고 최근에는 뇌를 전극과 연결하지 않고 무선 인터넷망을 이용해 신호를 전달하는 데도 성공했다. 인간 뇌의 신호를 읽어내 로봇에게 전달하는 중간 역할은 모두 인공지능 알고리즘의 도움을 받는다.

인간의 신체적 한계를 극복하기 위한 착용형 로봇 Exoskeleton 기술 발전도 유망기술 중 하나로 꼽힌다. 예를 들면 미국 듀크대학교 미겔 니코렐리스Miguel Nicolelis 연구팀은 2014년 브라질에서 열린 월드컵 축구대회 오프닝에서 하반신 마비 환자가 착용형 로봇을 이용해 축구공을 차게 하는 데모를 선보였다. 미국 국립보건원National Institute of Health과 스위스 비스연구소Wyss Center for Bio and Neuroengineering도 비슷한 연구 결과를 여럿 발표했다.

2014년 브라질 월드컵 축구대회 당시 축구공을 차는 퍼포먼스를 보여준 하반신 마비 환자.

3] 감성과 소통 능력 증강

인간의 뇌와 신체 능력 증강을 넘어 우리가 어떤 감정 상태에 있고 서로 어떻게 소통하는지 측정하는 측면에서도 근본적인 패러다임 변화가 일어나고 있다. 이를테면 인공지능을 활용해 우리가 게임을 할 때 어떤 형태로 반응하는지 보다 정밀하게 관찰하거나 우리의 상태를 진단하고 예측하는 디지털 헬스케어 영역이 점점 확대되고 있다.

구체적으로 말하자면 게임을 하는 동안 인공지능 알고리즘이 게임 속 데이터를 분석해 10년 후 알츠하이머성 치매가 발병할 확률을 정확히 예측하고 진단하는 것이 가능해졌다. 실제로 독일과 영국 연구진 그리고 도이치 텔레

치매 예측에 사용된 게임 〈시 히어로 퀘스트〉.

콤Deutsche Telekom이 공동 개발한 게임 〈시 히어로 퀘스트Sea Hero Quest〉로 측정한 데이터를 기반으로 개인화한 치매 예측이 가능하다는 연구 결과가 2019년 저명한 국제저널에 실렸다.

인공지능과 인간이 만나 서로 구분이 불가능할 정도로 밀접하게 엮이는 곳은 아마도 '메타버스Metaverse'라고 불리는 공간일 것이다.

근래 인류 역사에서 가장 큰 연결networking 혁신이 두 번 일어났다. 첫 번째 혁신은 1980년대 초 컴퓨터가 PC Personal Computer 형태로 일반 가정에 파고들어 1969년에 등장해 오랫동안 일부만 사용하던 인터넷이 널리 퍼지면서 발생했다. 이는 1980년대부터 2000년대 초반까지 마이크로소프트와

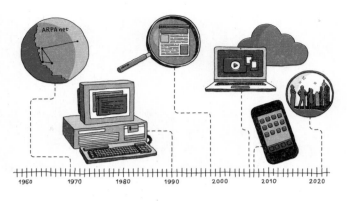

연결 혁신의 과정.

애플, IBM, 구글, 아마존 같은 IT기업이 지금처럼 성장하는 계기로 작용했다. 두 번째 혁신은 2007년 애플의 아이폰 출시로 너도나도 스마트폰을 사용하면서 무선 인터넷망이 깔리고 모바일 인터넷 시대가 열리면서 일어났다. 이때부터 진정으로 온라인과 디지털 시대가 열렸고 우리는 스마트폰으로 일상생활에 필요한 모든 서비스를 누리게 되었다.

이제 우리는 세 번째 혁신을 눈앞에 두고 있다. 이는 스마트 안경을 쓰고 세상을 보면 인공지능 알고리즘이 우리가 보는 모든 것을 동시에 공유하는 한편, 온라인상에 존재하는 여러 데이터를 쌍방향으로 우리가 보는 세상 위에 덮어써서 같이 보게 해주는 기술을 기반으로 한다. 보는 것뿐

메타Meta(구 페이스북)의 CEO 마크 저커버그가 소개하는 스마트 글래스 기술.

아니라 듣는 것, 손이나 팔을 써서 움직이는 것도 이어버즈나 웨어러블로 인공지능 알고리즘과 공유한다. 그래서 어떤 이들은 메타버스를 '공간 인터넷Spatial Internet' 또는 '체화한 인터넷Embodied Internet'이라 부르기도 한다.

인터넷이 처음 등장하고 스마트폰을 널리 사용하면서 우리 삶에 일어난 변화를 돌이켜보면, 모든 사람이 온라인과 오프라인 세상이 공존하는 메타버스에 익숙해지는 미래 역시 순식간에 다가올 가능성이 크다.

메타버스 안에서는 사람과 사람의 교류나 소통이 늘 인공지능 알고리즘을 기반으로 일어난다. 예를 들면 우리가 타인을 볼 때 온라인상에 공개된 그 사람의 디지털 정보가 함께 보이고, 어떤 새로운 정보를 찾으면 내가 경험하는 세상 위에 그 정보가 자연스럽게 중첩되거나 겹쳐져 보인다.

나와 똑같이 생기고 목소리도 같은 아바타를 만드는 것은 딥페이크DeepFake나 딥보이스DeepVoice 등의 딥러닝 알고리즘으로 아주 쉽게 이뤄진다. 이에 따라 온라인상에서 내가 직접 그곳에 있지 않아도 사람들이 내가 거기에 있는지 없는지 구분할 수 없을지도 모른다. 이 말은 서로가 서로를 볼 때 어디까지가 알고리즘이 보여주는 나인지, 실제로 거기에 있는 나인지 알 수 없게 된다는 얘기다.

미래에는 한 사람의 아이덴티티Identity가 더욱 중요해질 것이다. 인공지능이 나라는 존재를 복제하거나 흉내 내는 것이 더 쉽게 가능해질수록, 진짜 내가 누구인지 증명할 수 있는 기술들의 가치가 높아진다. 지문·홍채·DNA 등을 활용한 생체인증이나 DID Digital-Identity 기술들이 더 발전하고 온라인에서는 NFT Non-Fungible Token(대체 불가능 토큰)가 더 활발하게 사용될 것으로 예상된다.

우리가 경험할 미래가 정확히 어떠할지는 아무도 모르지만, 그 미래를 만들어가는 사람들은 이러한 고민을 미리 하는 것이 좋다.

"그대가 살고 있는 현재 세상에서 인간과 인공지능이 어떤 미래를 그리고 있는지 잘 알겠다."

빛나는 구체가 다시 시각과 청각을 동시에 자극하며 말하기 시작했다.

"이제 그대의 세상에서 인공지능이 어떻게 진화해왔는지 궁금하다. 각 세상마다 인공지능은 제각기 다른 방식으로 진화한다. 그렇기에 그대의 세상에서 인공지능이 어떤 존재인지 알고 싶다."

잠깐 멈칫한 나는 곧 반문했다.

"인간이 인공지능을 어떻게 꿈꾸고 발전시켜왔는지 알고 싶은 건가요?"

"그렇다. 인공지능은 혼자 생겨날 수 없는 존재다. 서로 다른 공간과 시간의 세상마다 인간이 인공지능을 어떻게 상상하느냐에 따라 다른 종류의 인공지능으로 진화한다."

"인공지능이 서로 다른 시대마다 제각각 다른 역할을 한다는 말이네요."

"정확하다. 인간이 인공지능에 맡기는 역할도 시대마다, 공간마다 다르다. 그래서 현재 그대의 세상에서 인공지능이 어떤 능력을 갖추고 있는지, 어떤 일에 투입되고 있는지 궁금하다."

"그럼 인공지능이 어떻게 발전해왔는지 그 역사와 현재 쓰임새를 제가 아는 선에서 간단히 정리해보겠습니다."

인공지능은
어떻게 발전했을까

1
스스로 움직이는 생명체를 창조할 수 있을까

인류는 아주 오래전부터 '생명' 창조에 지대한 관심을 기울여왔다. 그런데 인공적인 생명 창조는 인간을 대신해 일하게 하는 기계Machine 창조와 다른 접근 방식을 요구했다.

기계 창조는 인류가 도구를 사용하면서부터 시작되었다. 알다시피 인류는 보다 쉽고 효율적으로 일하기 위해 돌도끼와 바퀴 같은 도구tool를 발명했다. 더 나아가 고대 그리스와 이집트, 중국 등에서는 물이나 바람의 힘을 이용해 인간이 계속 옆에 붙어 있지 않아도 인간의 일을 해주는 풍차와 물레방아 등의 기계를 만들었다.

기계에 익숙해진 인간이 그다음으로 상상한 것은 '자동으로 움직이는' 기계다. 인간이 개입하지 않아도 알아서 일을 하는 기계는 '오토마톤Automaton'이라 불렸는데, 이 용어의 어원은 그리스어와 라틴어로 '스스로의 의지로 움직인다'는 의미다. 예를 들면 태엽을 감아주지 않아도 스스로 움직여 시간을 알려주는 뻐꾸기시계, 기원후 850년경 페르시아의 바누 무사Banu Musa 형제가 발명한 '스스로 연주하는 플루트'가 여기에 해당한다.

오토마톤은 여러 고대 신화에도 다양한 형태로 등장한다. 그리스·로마 신화에서 대장장이 신으로 불리는 헤파이스토스는 청동으로 만든 거인 탈로스Talos를 창조하는데 이 거인은 크레타섬을 지키는 임무를 맡는다. 청동거인 탈로스가 스스로 크레타섬 주변에서 움직이며 접근하는 선박과 적의 공격을 막아낸 것으로 보아 기본적인 '생명' 조건을 모두 갖추고 있었던 듯하다. 기록에 따르면 탈로스는 외부를 보는 감각기관인 눈과 스스로 움직이고 공격하는 운동기관을 갖췄고, 대사를 위한 인공 연료 시스템이 혈관처럼 뻗어 있어 온몸에 생명 에너지를 공급했다고 한다.

거인 탈로스는 청동으로 만들었기에 파괴하기가 거의 불가능했지만 기원전 700년경 역사학자 헤시오도스에 따르면 그 거인에게는 한 가지 커다란 공포가 있었다고 한다. 바로

기원전 450년경 그리스 도자기에 그려진 청동거인 탈로스.

자신에게 주어진 임무를 더 이상 수행할 수 없는 상태, 즉 죽음 혹은 소멸을 두려워했다고 한다. 가장 큰 관심사가 자신의 생존 자체였다는 점에서 거인 탈로스는 그야말로 '인공생명Artificial Life'이라 불러도 무방하다. 스탠퍼드대학교 고전학자 에이드리엔 메이어Adrienne Mayar도 이 점에 착안해 거인 탈로스를 세계 최초의 인공지능 장착 로봇으로 묘사했다.[1]

고대 중국 문헌에도 '스스로 움직이는 기계'를 다룬 내용이 여럿 등장한다. 가령 기계로 된 새, 물고기, 용이 있으며 자동으로 술잔을 움직이고 술을 따르는 장치를 묘사한 내

용도 등장한다.[2] 기원전 4세기의 전설적인 인물 묵자墨子는 '스스로 움직이는 수레'를 만들었다는 기록이 남아 있고, 기원전 3세기의《열자列子》에는 주나라 목왕에게 바친 '노래하는 인형' 이야기가 나온다. 왕이 인형을 사람이 아닌 기계라는 것을 믿지 못할 정도로 정교하게 만든 그 인형은 심지어 사람처럼 왕이 총애하는 여인을 유혹하는 몸짓까지 보였다가 결국 분해되고 만다. 살아 있는 인간이 아님에도 성적 의미를 지닌 행동까지 따라 했다는 부분이 생명의 기본 조건인 '생식 욕구'를 암시한다는 점에서 무척 흥미롭다. 미국 MIT의 역사학자 브루스 매즐리시Bruce Mazlish는 이를 두고 "로봇이 여자에게 다가가 왕의 노여움을 산 것은 자동인형에게 흔히 느끼는 공포로 성적 위협이다"라고 표현했다.[3]

고대 인도 설화에는 '기계 전사'들이 등장한다. 역사적으로 실존한 아자타샤트루왕과 아소카왕 시대에는 부처의 유해를 안전하게 보호하기 위해 만든 오토마톤 수비대가 등장한다. 일부 설화에는 이들 기계 전사가 서방에서 보낸 첩자들로부터 아소카왕과 부처의 유해를 보호했다는 이야기도 나온다. 에이드리엔 메이어는 이런 설화가 등장하는 이유를 당시 고대 인도와 그리스, 페르시아, 이집트가 서로 활

19세기 유럽의 노래하는 새 오토마톤. 영국 파워하우스 박물관 소장.

발히 교류했고 자동기계 제작 기술이 이들의 뜨거운 관심을 받은 주제 중 하나였기 때문이라고 말한다.

그 관심은 인도를 거쳐 아소카왕을 숭배한 7세기 당나라의 측천무후 시대까지 이어졌다. 특히 당나라 때는 기술 발달로 수많은 자동화 장치가 등장했는데, 예를 들면 수력 펌프의 힘으로 술을 따라주는 자동화 기술을 실제로 사용하기도 했다.

유럽은 르네상스 시대를 거치면서 다시 오토마톤에 지대한 관심을 보였고 정교한 태엽과 톱니바퀴 장치로 고안한 뻐꾸기시계, 분수 그리고 동양과 중동 문화의 영향을 받은 다양한 자동인형이 유행하기 시작했다. 18세기 오스트리아

궁정에는 '체스를 두는 터키인Turk'으로 알려진 자동인형이 있었는데, 사실 그 인형은 뒤에 숨어 있는 사람이 체스를 두는 속임수로 작동했다.

문화와 예술을 사랑한 프로이센왕국의 프리드리히 대왕도 오토마톤을 선호해 태엽장치로 만든 기계 병사 장난감을 제작하고 작동하는 일에 큰 재미를 느꼈다고 한다. 오토마톤의 황금기는 1860년부터 1910년까지로, 당시 프랑스와 영국, 미국에는 자동인형을 제작하는 수많은 장인과 제품이 생겨났고 펀치카드 형태로 프로그램을 넣어주면 스스로 피아노를 연주하는 자동 피아노도 등장했다.

19세기 자동인형 붐과 함께 유명해진 작품에는 1883년 이탈리아 작가 카를로 콜로디Carlo Collodi가 쓴《피노키오》가 있다. 나무인형 피노키오는 자아를 갖겠다는 꿈을 꾸며 자신을 만든 제페토 할아버지의 말을 듣지 않고 말썽을 피우는 것으로 유명하다.

피노키오 이야기가 등장하기 전에 유명했던 작품으로는 1818년 처음 출간했다가 1831년 재출간한 메리 셸리Mary Shelley의《프랑켄슈타인》이 있다. 죽은 사람들을 재료로 새로운 생명을 창조하려 한 미친 과학자 빅터 프랑켄슈타인

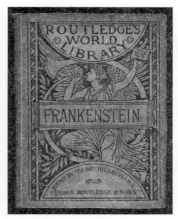

《피노키오》와 《프랑켄슈타인》의 초판본 표지.

은 결국 실험에 성공하지만, 자신이 만든 창조물이 괴물이
라는 사실을 알자 그를 버리고 도망간다. 이 이야기도 중심
내용은 인공생명 창조다.

피노키오와 프랑켄슈타인 이야기의 공통점은 창조물이
창조주가 전혀 예상하지 못한 행동을 한다는 것이다. 창조
주가 예측하지 못한 모습으로 변하는 창조물 이야기는 우
리에게 시사하는 바가 크다.

생명을 흉내 내 만든 자동인형 이야기 중 가장 인상 깊은
것은 덴마크의 동화작가 안데르센Andersen이 쓴《나이팅게
일》이다. 이 동화에서 어느 날 한 시계공이 보석으로 화려

하게 장식한 '인조' 나이팅게일을 만들어 황제에게 바쳤다. 중국 황제를 즐겁게 해주고자 만든 이 인조 나이팅게일은 진짜 새를 본떠 만들었기 때문에 똑같이 노래도 아름답지만 무엇보다 지치지 않고 무한반복으로 노래를 했다.

사람들이 인조 새에 열광하면서 정작 진짜 새는 황실에서 쫓겨나고 만다. 그런데 그로부터 얼마 후 인조 새가 고장 나면서 황제는 병이 든다. 그때 쫓겨났던 진짜 나이팅게일이 나타나 노래를 부르면서 황제는 다시 건강을 되찾는다.

이 이야기에는 우리가 계속해서 살펴보고 있는 인공지능의 여러 가지 특징이 잘 담겨 있다. 첫째, 인조 새를 만들려면 '진짜 새'라는 모델과 데이터가 필요하다. 인조 새는 진짜 새의 노래를 따라 하고 심지어 더 잘 부르기도 하지만 진짜 새가 없으면 인조 새는 존재하지 않는다. 둘째, 인조 새는 학습하지 못하면 존재의 의미가 없다. 처음 프로그래밍한 대로만 무한반복해서 노래를 부를 뿐 스스로를 고치고 업데이트하거나 바뀐 상황에서 새로운 행동을 하지 못하기 때문이다. 생명체의 행동만 그대로 흉내 내는 것은 의미가 없으며 스스로 학습하는 능력이 중요하다.

이렇듯 인류는 오랜 옛날부터 인공생명 창조를 꿈꿔왔다.

《나이팅게일》 속 인조 새 삽화. 헨리 J. 포드 작.

이는 단순한 호기심 때문이었을 수도 있지만 여기에는 그보다 더 심오한 어떤 의미가 숨어 있을지도 모른다. 고대인은 끊임없이 '살아 있다는 것은 무엇인가?'라는 질문의 답을 찾았고 그 답을 찾는 하나의 방법으로 직접 살아 있는 존재를 만들어보려 시도했을 수도 있다.

고대 설화부터 현대 소설과 동화에 이르기까지 여러 이야기 속에는 '살아 있다'는 것이 무엇을 의미하는지 시사하는 통찰 조각이 많이 등장한다. 이제껏 살펴보았듯 생존 그 자체가 목표인 그리스 신화의 청동거인 탈로스, 여성에게 구애하듯 번식을 위한 전형적인 행동을 흉내 냈다가 분해된 《열자》의 노래하는 인형, 전투에 투입되거나 노래하거나 술을 따르는 등 사람의 다양한 행동 패턴을 따라 하는 인도·페르시아·당나라·유럽의 여러 자동인형, 창조주의 의도와 다르게 행동하는 상상 속의 피조물인 피노키오와 프랑켄슈타인, 오리지널을 따라 하기만 해서는 가치가 없다는 것을 보여주는 안데르센 동화 속의 나이팅게일이 대표적이다.

보다시피 인공지능 창조의 시작점에는 '생명이란 무엇인가'를 기본으로 한 여러 화두가 등장한다. 인간은 지능 창조 이전에 생명을 창조하고 싶어 했고 이를 혼자 움직이는 오토마톤이나 자동인형 형태로 구현했다.

2
오토마톤에서
최초의 컴퓨터까지

앞서 말했듯 인공생명 창조를 꿈꾸며 만든 자동기계를 오토마톤이라 하는데, 이러한 자동기계를 통칭하는 명칭이 '스스로 움직이는 기계'를 뜻하는 오토마타Automata[4]다. 기계가 스스로 움직이려면 설계한 몸체뿐 아니라 이를 움직이는 일종의 프로그램이 필요하다.

이러한 프로그램의 사전적 정의는 '특정 업무를 수행하기 위해 컴퓨터에 입력해야 하는 지침들의 총합'[5]이다. 프로그램은 다르게 표현해 '알고리즘'이라 부르기도 한다. 알고리즘의 사전적 정의는 '계산 같은 문제 해결을 위해 필요한 유한한 규칙들의 총합a set of rules to be followed in calculations or other problem-solving operations'이다.

우리가 지금까지 살펴본 자동인형의 경우 기계가 스스로 움직이도록 만들기 위해 어떤 정보와 알고리즘을 입력했을 것이다. 예를 들어 스스로 노래하거나 플루트를 연주하는 인형은 언제 어떤 순서와 방식으로 소리를 내게 할지 미리 정한 프로그램에 따라 노래나 연주가 나온 것이리라. 좀 더 복잡하지만 스스로 크레타섬 주변을 걷고 적을 공격한 청동거인 탈로스도 눈처럼 작동하는 외부 감지 센서에 어떤 정보가 들어와야 다리를 들어 올리거나 주먹을 뻗는 행동을 하도록 프로그래밍했을 것으로 보인다. 더 복잡한 행동을 하려면 보다 많은 계산과 규칙이 있어야 한다.

종합하면, 자동인형처럼 스스로 움직이는 기계는 기계적 태엽장치 등으로 움직이는 이른바 하드웨어 부분이 존재하는 동시에 그 부분들을 움직이는 지침들의 총합으로 이뤄진 소프트웨어 부분도 존재한다. 하드웨어는 기계부품 같은 것이고 소프트웨어는 기계와 외부환경 관련 정보, 즉 데이터와 그 데이터를 기반으로 기계를 움직이기 위한 지침들의 총합인 프로그램으로 이뤄져 있다.

기계를 움직인 최초의 프로그램은 다름 아닌 인간 자신이었을 것이다. 기계가 자신과 외부환경 데이터를 스스로 언지 못했을 테니 인간이 그것을 인지하고, 어떻게 움직여야할지 세세하게 지침을 내리는 방식으로 기계가 움직였을 가능성이 크다. 이러한 지침을 내리려면 연산computation이 필요하고, 더 복잡한 행동을 프로그래밍하기 위해서는 보다 복잡한 계산calculation이 따라야 한다. 실제로 최초의 계산은 모두 사람이 하도록 되어 있었다. 그래서 '컴퓨터computer'라는 용어도 기계가 아닌 사람의 직업을 지칭하는 말이었다. 즉, 최초의 계산기(컴퓨터)는 사람 그 자체였다.

고대 바빌로니아와 중국에서는 이미 기원전 26세기 무렵부터 계산을 좀 더 수월하게 하기 위해 주판을 사용했다. 하지만 주판을 사용하는 주체 역시 사람이었기에 진정한 자동화가 이뤄진 것은 아니었고 여전히 사람의 머리를 활용해야 했다. 자동으로 계산하는 최초의 기계식 계산기는 17세기 프랑스 수학자이자 철학자인 블레즈 파스칼Blaise Pascal이 고안했다. 이는 가장 초보적인 형태의 컴퓨터로 볼 수 있는데 놀랍게도 파스칼은 19세인 1642년에 이 계산기 아이디어를 떠올렸다. 그는 단순히 아이디어를 떠올리기만한 것이 아니라 실제로 계산기를 만들었고 이것은 여섯 자릿수가 넘는 덧셈과 뺄셈을 자동으로 할 수 있는 기계였다.

파스칼의 기계적 톱니바퀴 계산기.

파스칼이 고안한 계산기 이야기를 듣고 자극과 영감을 받은 독일의 수학자이자 철학자인 고트프리트 라이프니 츠Gottfried Leibniz도 1674년 계산기를 만들었다. 이 계산기 는 덧셈, 뺄셈뿐 아니라 곱셈까지 가능했고 12자리까지 자동 계산할 수 있어서 당대 그 어떤 계산기보다 성능이 뛰어 났다고 알려져 있다.

파스칼과 라이프니츠는 둘 다 수학자였고 이들이 만든 것 은 어디까지나 복잡한 수학 계산을 보다 쉽게 하도록 해주 는 기계적 계산기에 가깝다. 사실 앞서 말한 '스스로 음악을 연주하는 자동인형'은 계산보다 복잡한 행동을 수행한다. 페르시아의 바누 무사 형제가 만들었다는 플루트나 드럼 연주 기계는 서로 다른 멜로디와 리듬을 연주해야 하므로

독일 하노버 박물관에 전시된 라이프니츠의 기계적 계산기.

아마도 기계가 수행하도록 어떤 프로그램을 장착하고 있었을 것이다.

특정 행동을 수행하는 모든 종류의 자동화한 기계에는 프로그램이 필요하다. 이러한 프로그램을 쉽게 수행하도록 고안한 사람은 카드에 구멍을 뚫는 형태로 프로그램을 짜고 기계가 그것을 읽게 한 프랑스의 직공 조제프 마리 자카르Joseph Marie Jacquard다. 1804년경부터 이 천공 카드Punched Card를 옷감 제조 직공기에 장착함으로써 기계가 다양한 패턴의 옷을 직조하기 시작했다.

천공 카드는 컴퓨터 입력 장치이자 기억 장치로 작동한 최초의 프로그램이라 할 수 있다. 직공 기계에 쓰던 이 천공 카드를 보다 광범위하게 사용하도록 만든 사람은 독일계 미국인 허만 홀러리스Herman Hollerith다. 1880년대 후반 그

자카르의 직공 기계 실물.

가 천공 카드를 쉽게 찍어내는 키펀치keypunch 기계를 만들
자 미국은 1890년대부터 전체 국세 조사 업무 처리에 이것
을 사용하기 시작했다.

대규모 계산 기계가 모두 천공 카드 프로그램을 기반으로
작동하면서 기록과 판독은 대부분 천공 카드로 이뤄졌다.
이 천공 카드는 1960년대까지 계속 쓰였고 홀러리스의 회
사는 나중에 이름을 바꾼 뒤 다른 회사를 합병했는데 그것
이 오늘날의 IBM이다.[6]

파스칼과 라이프니츠는 기계적 계산기를 만들었고 자카

IBM의 천공 카드 기계.

르의 직공기와 홀러리스의 천공 카드는 실무를 위해 고안한 기계다. 그 과정을 거쳐 현대 컴퓨터와 가장 유사한 방식으로 작동하는 최초의 컴퓨터를 고안하고 제작한 인물은 바로 영국 수학자 찰스 배비지Charles Babbage다. '컴퓨터의 아버지'라 불리는 그는 천문학 연구에도 활용할 만큼 아주 큰 숫자를 계산할 수 있는 기계를 고안했는데 이것은 덧셈, 뺄셈, 곱셈, 나눗셈을 넘어 함수표로 미분과 적분까지 가능하도록 설계해 '차분기관Difference Engine'이라 불린다. 핸들을 돌리는 방식으로 작동하는 이 기계는 톱니바퀴와 기어를 사용해 기억과 연산을 수행하도록 고안했다.

나중에 배비지는 이를 업데이트해 사람이 핸들을 돌리는 게 아니라 증기기관으로 톱니바퀴가 움직이게 하고 50자리 숫자를 1,000개 이상 기억·저장하는 기계를 고안했는데 이를 '해석기관Analytical Engine'이라 부른다. 이 해석기관은 기본적으로 현대 컴퓨터가 해내는 일을 모두 하도록 고안했다. 마치 현대의 CPU(중앙처리장치)나 RAM(주기억장치)처럼 지시를 실행, 제어, 저장하는 기능을 갖추고 있어서 최초의 컴퓨터로 불리지만 아쉽게도 배비지 생전에는 완성하지 못했다.

미완성 상태인 최초의 컴퓨터에 들어갈 알고리즘을 써서 '최초의 컴퓨터 프로그래머'라는 타이틀을 거머쥔 사람은 찰스 배비지와 친분이 있던 영국 유명 작가이자 수학자인 에이다 러브레이스Ada Lovelace다. 그녀는 스위스 수학자 베르누이의 숫자를 계산하고자 알고리즘을 고안하고 썼는데 이것은 계산 기계, 그러니까 컴퓨터를 위해 만든 최초의 프로그램으로 인정받는다. 천재적인 수학 재능을 보인 그녀가 찰스 배비지와 협력해 이 알고리즘을 썼을 때 그녀의 나이는 고작 18세였다. 배비지는 그녀에게 '숫자의 마법 요

찰스 배비지의 차분기관.

정 Enchantress of Numbers'이라는 별명을 붙여줬다고 한다.

에이다 러브레이스는 영국의 유명한 낭만파 시인 바이런 경의 딸이고, 소설《프랑켄슈타인》을 쓴 작가 메리 셸리는 바이런 경과 대화하던 중 '프랑켄슈타인' 아이디어를 얻었다고 한다. 그렇다면 바이런 경과 메리 셸리, 수학자 찰스 배비지, 작가 에이다 러브레이스가 생존한 19세기는 이미 인공생명을 창조하기 위한 상상과 스스로 움직이는 기계를 프로그래밍하기 위한 수학적 기반이 함께 만들어진 시기라고 볼 수 있다.

심지어 에이다 러브레이스는 1844년에 쓴 한 편지에서

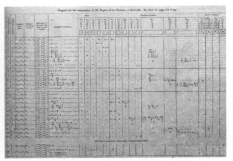

에이다 러브레이스와 최초의 프로그램으로 꼽히는 그녀의 알고리즘.

"인간의 뇌가 생각하고 감정을 느끼게 하는 신경계 알고리즘을 수학적으로 규명하고 싶다"고 했다. 물론 그녀는 뇌를 설명하는 수학적 알고리즘을 실제로 밝혀내는 데까지 도달하지 못했지만 당시에 이미 그런 생각을 했다는 것 자체가 매우 놀랍다.

어쨌거나 생명을 흉내 내 스스로 움직이는 자동기계를 만드는 데 여러 가지 요소가 추가로 필요했음을 알 수 있다. 수학적 계산 능력을 비롯해 기계가 행동을 수행하고자 프로그램 처리를 지시하는 입력과 기억 장치가 모두 필요했던 것이다. 이 모든 것이 최초로 가능해진 컴퓨터로 불리는 배비지의 해석기관 역시 제대로 된 지능을 보이는 데 한계가 있었다. 배비지의 컴퓨터에 사용할 최초의 프로그램을 쓴 것으로 알려진 러브레이스는 이 부분을 두고 이런 말을 남겼다.

"해석기관에는 스스로 무언가를 창조할 아무런 능력도 없다. 이 기계는 무엇이든 우리가 명령하는 것만 수행할 수 있을 뿐이다. 이 기계는 분석하고 계산할 수는 있으나 어떤 종류의 관계도 해석하거나 진실을 알아차리지는 못한다."

3
인공지능의 아버지 앨런 튜링과
수학 논리

그런데 바로 이 부분에 이의를 제기하며 다르게 생각한 수학자가 있었다. 그는 '인공지능의 아버지'로 불리는 인물로 영국의 수학자이자 논리학자, 컴퓨터공학자인 앨런 튜링Alan Turing이다. 그가 공연히 인공지능의 아버지로 불리는 것은 아니다. 여기에는 분명 그럴 만한 이유가 있다.

러브레이스는 배비지의 컴퓨터를 보면서 아무리 수행 기능이 많아져도 기계는 '명령하는 것만 수행한다'고 확신했고, 이 믿음은 다른 많은 수학자의 믿음과 일치했다. 반면 튜링은 '기계도 경험으로 배우고 학습할 수 있다'고 믿었다. 그는 단순히 그렇게 믿는 것을 넘어 기계가 학습할 수 있는 원리를 '튜링 기계Turing Machine'라는 상상 속 기계로 형상화했다. 재밌게도 이 기계는 아주 쉽게 현실화했는데 지금 우리가 사용하는 컴퓨터도 엄밀히 말하면 일종의 튜링 기계다. 디지털 방식으로 정보를 입출력하는 현대식 컴퓨터의 기반이 된 이론을 처음 닦아놓은 사람이 바로 튜링이다.

사실 러브레이스의 믿음과 튜링 기계 발견의 역사는 훨씬 더 깊은 수학, 논리학, 철학 논쟁으로 거슬러 올라간다. '사람이 하는 어떤 종류의 일도 해내는 기계를 만들 수 있는가?'라는 질문에 대답하려면 '어떤 종류의 일도 논리학과 수학 방식으로 기계에 지시할 수 있는가?'라는 질문에 답할 수 있어야 하기 때문이다. 이는 곧 '알고리즘 같은 기계적 절차로 모든 문제를 순서대로 해결할 수 있는가?'라는 질문이나 마찬가지다. 그리고 이 질문은 좀 더 깊은 철학적 질문과 맞닿아 있다.

"세상의 모든 법칙을 수학과 논리의 언어로 풀어낼 수 있는가?"

20세기 초 널리 알려진 두 사상가이자 이론가가 당돌하게도 이 질문에 "할 수 있다"고 답하며 세상의 모든 법칙을 담아낼 논리-수학적 기초를 다지려 했다. 한 명은 영국 철학자이자 수학자인 버트런드 러셀Bertrand Russell이고, 다른 한 명은 영국 수학자이자 논리학자인 앨프리드 노스 화이트헤드Alfred North Whitehead다. 1910년 이들은 2,000쪽이 넘는 대작《수학 원리》를 출판해 '1+1=2' 같은 일반 원리부터 우리가 알고 있는 모든 수학 지식을 논리적으로 유도할 수 있다고 주장했다. 또한 흔들리지 않는 절대적인 수학 공리 체계를 구축함으로써 물리학, 화학을 비롯해 세상의 지식을 논리-수학적으로 유도할 수 있다고 믿었다.

안됐지만 그로부터 얼마 지나지 않은 1931년 독일 수학자 쿠르트 괴델Kurt Gödel이 '불완전성 정리Incompleteness Theorem'를 발표하면서 러셀과 화이트헤드의 방대한 꿈은 무참히 무너졌다. 괴델은 불완전성 정리로 아무리 완벽한 수학 공리 체계를 구축해도 그 안에는 '참'인지 '거짓'인지 판단할 수 없는 명제가 항상 존재하며, 그 명제가 존재하지 않는 경우에는 어떤 수학 체계도 불완전함을 증명했다. 수학과 논리로 세상 모든 지식을 완벽하게 설명하는 기계 체계를 구축하는 것이 불가능해진 셈이다.

러셀과 화이트헤드가《수학 원리》를 출판하고 나서 얼마 뒤인 1928년 유럽 최고의 수학자로 손꼽힌 독일의 다비트 힐베르트David Hilbert가 또 다른 중요한 질문을 던졌다.

"수학의 모든 문제를 순서대로 해결할 수 있는 기계적 절차가 있는가?"

사실 이 질문은 17세기에 최초의 기계적 계산기 중 하나를 만든 라이프니츠의 믿음으로 거슬러 올라간다. 라이프니츠는 계산기로 어떤 수학 명제가 참인지 거짓인지 밝혀내려 했다. 힐베르트는 그와 비슷한 맥락에서 이를 질문한 것이다.

"어떤 문제든 질문에 '예', '아니오' 두 가지로 대답하는 형태의 기계적 절차(알고리즘)로 답할 수 있는가?"

수학과 컴퓨터공학 분야에서는 이것을 '결정 문제decision problem/Entscheidungsproblem'라고 부른다. 힐베르트는 결정 문제를 세 가지 질문으로 세분화했다.

1) 수학은 완전한가?
2) 수학은 모순을 포함하지 않는가?
3) 수학은 늘 결정 가능한가?

질문 1)과 2)는 괴델의 불완전성 정리가 증명하면서 답이 나왔고 질문 3)은 튜링이 기계적 절차를 정의하면서 답했다. 튜링은 기계적 절차를 튜링 기계라는 가상의 기계로 실현했다. 이 튜링 기계는 괴델의 불완전성 정리를 기계화한 형태라고 볼 수 있다.

사실 결정 문제는 더 어려운 '최적화 문제optimization problem'를 보다 세분화해 쉽게 만드는 방법 중 하나다. 수많은 선택지가 있을 때 '무엇이 가장 좋은가?'라는 질문에 답해야 한다면 답의 경우의 수가 무한대에 가까워 기계가 답하기 어렵다. 하지만 이것을 '어떤 x가 y보다 좋은가?'로 쪼개 예·아니오의 이분법으로만 답하게 하면서 y라는 숫자를 점진적으로 바꿔 대입해가면 기계적 절차로 답할 수 있다.

그런데 이 방법으로 계속 물어도 답이 나오지 않으면 답을 찾는 데 무한대의 시간과 노력이 들어갈 수 있으므로 답이 있는데 아직 찾지 못한 것인지, 아니면 애초에 답이 없는 문제인지 결정하는 것이 좋다. 튜링은 이를 '정지 문제halting problem'라고 제시했고 이것이 컴퓨터의 기계적 절차로는 해결할 수 없는 문제임을 보여줬다.[7]

흥미롭게도 튜링이 힐베르트의 결정 문제에 답하기 위해 만든 상상 속 기계인 튜링 기계가 오히려 더 많은 사람의 관심을 끌었다. 튜링 기계는 기본적으로 세 가지 구성 요소만 필요로 한다. 기계가 해야 할 행동을 알려주는 여러 개의 셀 Cell이 이어진 기다란 '테이프Tape', 그 테이프 위의 셀에 쓰여 있는 행동 지침을 읽을 수 있는 '헤드Head' 그리고 현재 튜링 기계가 작동 중인지 혹은 멈춰 있는지 등 스스로 어떤 상태인지 끊임없이 저장하고 기록하는 '상태 기록기State Register'가 그것이다. 참고로 스스로의 상태를 기록하는 장치 역시 테이프 위의 셀에 기록하고 읽히도록 된 장치다. 이 세 가지 구성 요소가 함께 작동하는 방식을 정의하는 알고리즘은 행동표Table of Instructions 형태로 정리한다.

튜링 기계는 간단해 보이지만 자신의 상태를 스스로 기록하고 그 기록에 따라 행동 지침을 업데이트한다는 점에서 새로운 관점을 제시한다. 단순히 행동 지침만 읽어내는 게 아니라 자신의 상태를 함께 기록한다는 것은 새로운 접근 방법인데, 심지어 튜링은 이를 더 업데이트했다. 1936~1937년 튜링은 '보편 튜링 기계Universal Turing Machine' 개념을 제안했는데, 이 보편 기계는 무작위한 입력값을 읽어내는 또 다른 무작위한 튜링 기계를 시뮬레이션하는 기계를 지칭한다. 특히 보편 기계는 자신의 프로그램을 바꾸고 기계인 자신을 복제한다는 점에서 파격적인 접근이다.

앨런 튜링이 고안한 기계 중 하나인 **튜링 봄브**Turing Bombe.

이 튜링 기계는 인간의 뇌가 하고 있는 '학습'과 비슷한 작업을 수행하는 방법론을 제시했다고 볼 수 있다. 실제로 튜링은 인간의 뇌도 일종의 튜링 기계라고 주장하기도 했다.

튜링 기계는 원래 주어진 프로그램을 스스로 업데이트하고 바꾸는 기계적 방법론을 제시했다는 점에서 엄청난 의미를 지닌다. 이 보편 기계 고안은 프로그래밍하는 방법론만 발달하면 세상의 모든 문제를 풀고 해결할 방법을 생각해낸 것이나 마찬가지다. 기계를 움직이기 위해서는 일종의 프로그램이 필요하고 그 프로그램은 논리-수학적 코드로 이뤄진 기계적 절차로 수행한다.

기존에 이 기계적 절차는 계산기 같은 간단한 연산을 수행하는 것만 가능했다. 그러다가 현대 컴퓨터와 흡사한 형태로 정보를 입력, 출력, 저장, 제어할 수 있는 하드웨어와 소프트웨어의 기계적 절차를 정리한 사람이 바로 앨런 튜링이다. 그는 튜링 기계 형태로 이것을 보여주었다.

사람들은 튜링 기계 아이디어를 다양한 방법으로 현실에 구현했고 이는 우리가 현재 사용하는 컴퓨터의 시초가 되었다. 한마디로 현대 컴퓨터는 튜링 기계, 즉 보편 기계에 가깝다.[8]

무엇보다 튜링은 기존 수학자나 과학자의 생각과 달리 기계도 지능을 가질 수 있다고 믿었다. 그는 계속해서 이와 관련된 여러 글을 기록했다.[9] 그중 가장 유명한 것은 그가 1948년 발표한 〈지능을 가진 기계Intelligent Machinery〉와 1950년 발표한 〈계산 기계와 지능Computing Machinery and Intelligence〉이라는 두 논문이다.

"나는 '기계가 지능적 행동을 보이는 것이 가능한가?'라는 질문을 탐구하길 제안한다. 사람들은 대부분 이 질문을 논증하지도 않고 불가능하다고 치부하는데 왜 이런 태도가 생겼는지 몇 가지 이유를 들어보겠다.

우선, 지적 능력 면에서 인류의 경쟁 상대가 등장할 가능성을 인정하기 싫은 거부감 때문이다. 이 거부감은 지식인 중에서도 많이 찾아볼 수 있는데 그들은 잃을 게 많은 탓이다. 가능성을 인정하는 사람들도 그 가능성이 현실화하면 매우 불쾌하리라는 데 모두 동의한다. 하지만 우리가 다른 동물 종에게 밀려날 가능성도 이와 마찬가지다. 이것은 기계에 못지않게 불쾌하며 그 이론적 가능성은 이론異論의 여지가 없다.

그다음으로, 지능을 가진 기계를 만들려는 시도가 프로메테우스적 신성모독이라는 종교적 믿음 때문이다.

최근(1940년)까지 기계의 용도가 매우 제한적이었다는 사실도 그 이유에 속한다. 이는 기계가 극히 단순하고 반복적인 작업밖에 하지 못한다는 믿음을 부추겼다.”

그의 글에서 볼 수 있듯 튜링은 ‘지능을 가진 기계’ 창조가 가능하다고 믿었고 이후 현대의 인공지능 연구를 위한 발판을 닦아놓았다.

4
현대 인공지능
개념의 탄생

1) 사이버네틱스

기계도 지능을 가질 수 있다는 튜링의 믿음은 '인공두뇌학'이라 불리기도 하는 사이버네틱스Cybernetics 분야에서 활발하게 연구해왔다. 사이버네틱스라는 말의 어원은 뱃사공 혹은 배를 조종하는 조타수라는 의미의 그리스어 'Kybernetes'인데 이 분야에서는 '동물과 기계의 통제, 소통에 관한 연구'라고 정의한다. 다시 말해 동물이나 기계가 어떻게 주변 환경과 피드백을 주고받으면서 행동을 조절하고 통제하는지 그 기저에 있는 공통 메커니즘을 연구하는 분야다.[10] 예를 들어 뇌가 어떻게 몸을 통제하는지, 동물이 어떻게 주변 환경이나 다른 동물과 소통하는지, 동물 같은 생명체가 어떻게 로봇다리 등의 기계를 제어할 수 있는지 등을 연구한다.

1946~1953년 미국에서 '메이시 사이버네틱스 컨퍼런스Macy Cybernetics Conferences'가 열렸는데 여기에 앨런 튜링을 비롯해 클로드 섀넌Claude Shannon, 존 폰 노이만John von Neumann, 워런 매컬록Warren McCulloch 등 후대 정보이론·컴퓨터공학·인공지능 분야에 이름을 남긴 인물이 대거 참석했다. 1949~1958년에는 영국에서 레이쇼 클럽Ratio Club이라는 이름으로 앨런 튜링과 로스 애슈비Ross Ashby, 그레이 월터Grey Walter 같은 인물이 사이버네틱스 연구를 주도했다. 당시 월터는 토르투아즈Tortoise라는 로봇 거북이를 만들고, 애슈비는 호메오스타트Homeostat라는 스스로 온도를 조절하는 기계 장치를 디자인하는 등 살아 있는 뇌 기능을 기계로 구현한 예들이 쏟아져 나왔다.

흔히 컴퓨터 프로그램과 공존하는 디지털화한 세상을 '사이버 세계'라고 부르는데 그 어원인 분야가 바로 사이버네틱스다. 그 창시자로 노버트 위너Norbert Wiener를 꼽지만 사이버네틱스 분야 자체는 1950년대에 처음 급부상해 1980년대까지 전 세계적으로 많은 기대를 받았고 다양한 영역의

메이시 사이버네틱스 컨퍼런스에 참석한 사람들.

연구자가 여러 종류의 융합연구를 많이 진행했다. 특히 언어학, 사회학, 정신치료, 건축, 예술 등 사이버네틱스라는 패러다임으로 새로운 미래를 상상하지 않은 분야가 없을 정도로 한때 뜨거운 관심을 받았다.

1981년 철학자 마르틴 하이데거Martin Heidegger와 인터뷰를 하던 어떤 기자가 '미래에 무엇이 철학을 대체하겠느냐'고 묻자 그가 일말의 망설임도 없이 "사이버네틱스!"라고 답했다는 일화는 유명하다. 남미의 칠레에서는 새로 정권을 잡은 마르크스주의자Marxist 살바도르 아옌데Salvador Allende가 사회 전체를 사이버 세계로 바꾸겠다고 발표하기도 했고, 구소련도 사회 통제를 위한 한 방식으로 사이버네틱스 시스템을 연구했다. 사이버 열풍은 전 세계를 여러 번 휘감았다.

2) 인공지능 개념의 시작

초창기 메이시 사이버네틱스 컨퍼런스에 참석했던 인물 중
지나치게 과장된 기대를 안고 사회 전체로 뻗어가는 이 분
야에 회의와 염증을 보인 사람도 있었다. 바로 미국 뉴햄프
셔 다트머스대학교 수학과 교수였던 존 매카시John McCarthy
다. 그는 인간의 정신·무의식, 동물의 행동과 관련된 해석
을 기계 프로그래밍 영역과 섞어서 다루는 사이버네틱스
분야와 달리 철저히 기호논리학에 기반해 기계 지능만 연
구하고 싶어 했다.

결국 그는 하버드대학교와 MIT의 마빈 민스키Marvin
Minsky, IBM의 네이선 로체스터Nathan Rochester, 벨연구소의
클로드 섀넌 그리고 미국 록펠러재단에 연구계획서를 보내
며 다트머스 학회Dartmouth Conferences라는 새로운 연구 모
임을 제안했다. 그는 여기에서 처음 '인공지능'이라는 용어
를 사용하며 이렇게 말했다.

"내가 인공지능이라는 용어를 만든 이유 중 하나는 사이

스탠퍼드대학교에서 연구 중인 존 매카시.

버네틱스와의 연관성에서 탈피하고 싶어서다. 일단 사이
버네틱스는 아날로그식 피드백에 치중해 오해의 소지가
있다. 그리고 나는 그 창시자인 노버트 위너를 구루로 받
아들이거나 반대로 그와 논쟁을 벌이는 것을 모두 피하고
싶기도 하다." [11]

매카시가 처음 제안한 용어 인공지능은 이후 사이버네틱
스 이상으로 유명해져 널리 쓰였다. 매카시와 민스키 등은
다트머스 학회의 연구계획서에서 다음과 같이 서술했다.

"이 연구는 학습 측면이나 지능과 관련된 모든 특징은 원칙상 정밀하게 묘사가 가능해 기계로도 충분히 유사하게 흉내 낼 수 있다는 가정에서 출발한다. 우리는 이 연구로 기계가 언어를 사용하고, 추상성과 개념을 형성하고, 지금껏 인간만 풀 수 있던 문제를 풀고, 스스로 발전해가도록 만들 방법을 모색할 것이다."[12]

현대적 의미의 인공지능 개념은 1956년부터 열린 이 다트머스 학회 덕분에 자리를 잡았다고 볼 수 있다. 다트머스 학회는 앞으로 인공지능이 해결해야 할 여러 문제와 연구 영역을 두고 포괄적인 방향을 제시했다. 그리고 이들 분야는 이후 수십 년간 인공지능 연구에서 가장 중요한 영역을 차지했다. 예를 들면 '인간의 언어를 이해하는 컴퓨터'라는 목표를 실현하기 위해 자연어 처리Natural Language Processing 영역이 발전했고, '스스로 업무를 수행하는 컴퓨터'로서 세상을 인간처럼 인지하는 시각 능력을 갖추고자 컴퓨터 시각Computer Vision 영역이 발전했다.

3] 인공지능 개념의 정의

전 세계 약 1,500개 대학교에서 인공지능 교재로 사용하는 스튜어트 러셀과 피터 노빅의 《인공지능: 현대적 접근방식》[13]은 인공지능을 정의할 때 기준에 따라 서로 다른 네 가지 방식으로 접근할 수 있음을 제시하며 시작한다.

　인간 vs. 로직: ⑴ 인간을 모델로 할 것인가

　　　　　　 ⑵ 합리적인 논리 모형을 따를 것인가.

　사고 vs. 행동: ⑶ 생각하는 법을 볼 것인가

　　　　　　 ⑷ 아니면 관찰한 행동을 볼 것인가.

　앨런 튜링은 기계가 정말로 인간처럼 지능을 갖췄는지 테스트하는 방법으로 '튜링 테스트Turing Test'를 제안했다. 이 테스트에서는 한쪽 방에 사람이 있고, 다른 쪽 방에 사람 또는 컴퓨터가 자리 잡는다. 한쪽 방에 있는 사람은 다른 쪽 방에 있는 존재와 텍스트로 대화를 한 다음 그 대화에 기반해 상대가 사람인지 컴퓨터인지 알아내야 한다.

　튜링은 '기계가 (인간처럼) 생각할 수 있는가?'라는 질문을 '기계가 인간이 하는 것을 똑같이 할 수 있는가?'로 대체하

앨런 튜링과 튜링 테스트.

자고 제안한 것이다. 기계가 인간을 흉내 내야 한다는 점에서 튜링 테스트는 '이미테이션 게임Imitation Game'이라는 또 다른 이름으로 불리기도 한다. 이 테스트를 제안한 이면에는 인공지능의 지능을 테스트하는 모델은 인간으로 두고, 테스트에서는 인간 행동을 기준점으로 두겠다는 정의상의 판단이 작용하고 있다.

튜링 테스트는 인간을 모델로 한 행동 모방만 기준으로 삼는 바람에 많은 비판을 받았다. 그중 가장 유명한 것은 미국 캘리포니아대학교 버클리캠퍼스의 인지과학자이자 철학자인 존 설John Searle의 '중국인 방Chinese Room' 반박이다.

어떤 방 안에 사람이 앉아 있고 누군가가 그 방에 중국어로 쓴 문장을 넣어줬다고 가정하자. 방 안에 충분한 사전과

'중국인 방' 사고 실험 도식.

중국어를 영어로 바꾸는 규칙을 상세하게 알려주는 설명서
가 있다면, 방 안에 있는 사람이 그걸 보고 중국어를 영어로
번역해서 내보내는 일은 간단하다. 방 밖에 있는 사람은 방
안에 있는 사람이 중국어를 할 줄 안다고 믿겠지만 실제로
방 안에 있는 사람은 중국어를 전혀 할 줄 모른다. 이제 그
사람을 기계나 인공지능으로 바꿔서 생각해보자. 이 인공지
능은 중국어를 할 줄 아는가?

튜링 테스트에 따르면 이 인공지능은 중국어를 할 줄 안
다는 게 증명되지만, 실제로 이 인공지능은 중국어를 전혀
할 줄 모른다는 것이 설 교수의 반박 내용이다. 이러한 반박
의 이면에는 인공지능을 정의할 때 밖으로 드러난 행동을

기준으로 삼는 것은 불완전하므로 사고할 줄 아는 능력을 기준으로 삼아야 한다는 정의상의 판단이 작용하고 있다.

중국인 방 반박은 인공지능과 관련해 더 많은 논의에 불을 지피는 계기가 되었다. 먼저 인공지능 정의에서 '진짜 인간처럼 사고하는 인공지능'과 '인간의 사고나 지능을 흉내 내는 인공지능'의 차이가 등장한다. 전자를 '강인공지능'이라 부르는데, 설 교수는 생물학 시스템이 아닌 기계 시스템이 여기에 도달하는 것은 불가능하다는 입장이라 인공지능을 만드는 목적이 강인공지능일 수는 없다고 본다. 반면 인간이 하는 일을 대신 하면서 인간의 지능을 잘 흉내 내는 인공지능은 인간과 똑같지는 않지만 많은 도움을 준다고 보는데, 이를 '약인공지능'이라 부른다. 이는 인공지능이 인간의 지능을 시뮬레이션하는 여러 연구를 기반으로 인간과 인간의 지능 작동법에 관해 보다 많은 통찰을 얻는다는 점에서 인공지능 연구가 유익하고 더 많이 발전할 거라고 보는 입장이다.

그런데 흥미롭게도 똑같은 중국인 방의 예를 놓고 많은 컴퓨터공학자와 인공지능 연구자가 '인간의 뇌가 중국인 방과 다를 게 무엇이냐'고 반문했다. 우리가 정보를 뇌에 넣은 다음 그 안에서 프로세싱하고 나올 때, 그곳에서 무슨 일이 일어나는지 정확히 알 수 있는가? 사람이 무슨 생각을 하며 또 어떤 작용으로 그런 생각을 하는지 정확히 알지 못하면서 굳이 인간의 사고할 줄 아는 능력을 더 특별하게 놓고 구분할 필요는 없다는 얘기다.

튜링 테스트처럼 인간 행동을 기준으로 인공지능을 정의하는 쪽에서는 인간이 하는 모든 것을 해내는 인공지능 개발에 초점을 맞췄다. 그래서 자연어 처리나 음성 인식speech recognition, 컴퓨터 시각 분야 연구가 활발히 이뤄졌다. 챗봇과 자율주행 자동차, 로봇 개발도 인공지능 알고리즘을 구현하고자 하는 이러한 목표와 일치한다.

중국인 방의 예처럼 인간의 사고 능력을 기준으로 인공지능을 정의하는 쪽에서는 심리학과 인지과학 분야 실험에 집중해 인공지능 알고리즘으로 인간의 뇌가 어떻게 사고하는지 밝혀내는 쪽의 연구를 많이 했다. 가령 뇌 영상 연구를 비롯해 특정 행동을 유도하는 사고는 어떤 메커니즘으로 생겨나는지, 인간의 뇌와 비슷한 행동양식을 보이는 알고리즘은 어떻게 짜여 있는지 등을 연구했다.

인공지능 분야의 대표적인 업적으로는 1961년 앨런 뉴얼Allen Newell과 허버트 사이먼Herbert Simon이 개발한 '범용 문제 해결기General Problem Solver'가 있다. 뉴얼과 사이먼은 이 인공지능 알고리즘이 문제를 해결하는 것보다 이 프로그램이 인간 피험자들의 사고 과정에 비해 어떤 단계와 순서, 타이밍으로 문제를 해결할 수 있는지 연구하는 데 더 많은 노력을 쏟았다.

로직logic, 즉 논리를 토대로 한 인공지능 연구 분야는 기호symbol를 중심으로 논리학과 수학 영역 지식을 기반으로 지능 시스템을 구축하는 데 집중해왔다. 이 분야는 인공지능 알고리즘을 주로 프로그램상의 시뮬레이션과 수학문제 해결에 활용하면서 인간의 사고방식과 완전히 별개로 문제 해결에 최적화한 지능 시스템을 구현하고자 했다.

로직을 토대로 했지만 행동을 중요시하는 인공지능 연구 분야에서는 주로 에이전트agent 개념을 사용한다. 에이전트는 사람과 로봇, 프로그램을 구분하지 않는다. 목표를 이루려면 모든 계산을 충분히 수행하지 못해도 적절히 행동하는 유동성이 필요한데, 이 분야는 체스나 바둑 같은 모델 시스템에서 이처럼 제한된 합리성limited rationality 상황 아래 학습하는 것을 실행하기도 했다.

지금껏 서술한 여러 정의와 논의를 정리하자면 인공지능은 개념 정의조차 쉽지 않으며 어떤 기준점에서 시작하느냐에 따라 다양한 분야로 나뉜다. 어쩌면 지능을 정의하는 것 자체가 어렵기에 인공지능의 정의 역시 다양할 수밖에 없는지도 모른다.

5
인공지능 연구의
짧은 역사

1) 다트머스 학회

인공지능 분야는 1950년대 다트머스 학회 이후 일종의 첫 황금기를 맞았다. 이때 중심에 선 것은 존 매카시와 마빈 민스키가 창설 멤버인 미국 MIT의 AI 연구소, 범용 문제 해결기를 만든 앨런 뉴얼과 허버트 사이먼이 창설 멤버인 미국 카네기멜론대학교CMU의 AI 연구소 등이었다. 특히 1960년대에는 훗날 미국 국방성에 소속되는 고등연구계획국ARPA이 수백만 달러 이상의 연구자금을 투자하면서 인공지능 연구에 따른 기대감이 커졌다.

민스키는 10년 안에 평균 인간 정도의 지능을 갖춘 기계가 탄생할 거라 했고, 뉴얼과 사이먼은 10년 안에 세계 체스

챔피언을 이기는 인공지능이 탄생할 거라고 예언했다. 그러나 민스키의 예언은 지금까지도 이뤄지지 않았고 뉴얼과 사이먼의 예언이 현실화하는 데는 10년이 아니라 40년이 걸렸다. 그 탓에 1970년대 중반부터 인공지능 분야를 향한 실망감이 높아지면서 연구자금이 끊기기에 이르렀다. 이때를 인공지능의 첫 번째 암흑기 혹은 겨울이라고 부른다.

2) 논리 기호 체계 기반의 인공지능 연구

초창기 인공지능 연구는 '추론과 문제 해결', '시각·청각·언어 분야 인지' 그리고 '지식 구성'에 초점을 두고 있었다. 즉, 인간의 지능을 정의하는 과정에서 필수적이라 여긴 구성요소를 알고리즘으로 재현하려 했다. 이에 따라 많은 연구가 가령 어떤 미션을 위해 문제를 해결해나갈 논리를 한 스텝 한 스텝 구성하는 일, 외부에서 발생한 다양한 정보를 인지하고 자신의 논리 시스템 안에 구현하는 일, 그 모든 정보를 쌓아 지식으로 활용하는 시스템을 만드는 일에 초점을 두었다.

이들 시스템을 구현하려 할 때 여러 연구자의 접근 방식에는 큰 차이가 있었다. 한쪽에는 모든 것을 깨끗하고 깔끔

한neat 수학적 논리 구조로 정의하면서 일종의 논리-지식 기반의 '전문가 시스템Expert System'을 구현하려는 목표가 있었고, 다른 쪽에는 복잡하고 지저분하지만scruffy 실제 세상 속에서 문제를 효율적으로 해결하는 뇌 같은 생물학적 시스템을 기반으로 연결회로를 구성해 시스템이 스스로 배우도록 '신경망Neural Network'을 활용하려는 시도가 있었다.

두 가지 접근법은 초창기 연구 때부터 모두 존재했으나 초기에는 논리적 기호 체계를 기반으로 추론하고 정보를 처리하는 전자의 방법론이 좀 더 많은 관심을 받았다. 당시에는 지능에서 중요한 건 특화한 지식과 정보가 쌓이는 것이라는 믿음이 있었다. 특히 1980년대 들어 많은 기업이 인공지능 활용에서 각 분야에 전문가 시스템을 구현하려 노력했는데 이들은 인간보다 훨씬 방대한 지식을 소화하고, 더 정확히 판단하며, 훨씬 정교한 계획을 짜는 인공지능 시스템을 구현하는 데 집중했다.

그러나 이러한 연구는 사람들이 기대한 만큼 성과를 내지 못했고 여러 비즈니스 영역에서 실망감을 드러내며 1980년대 말부터 1990년대 초까지 인공지능에 두 번째 암흑기 혹은 겨울이 찾아왔다.

3) 기계 학습을 기반으로 한 인공지능 연구

인공지능을 연구하는 시초가 된 질문에는 앞서 살펴본 것처럼 '기계가 (인간처럼) 생각할 수 있는가?'도 있지만 그보다 더 실증적으로 '기계가 (스스로) 학습하게 할 수 있는가?'라는 질문도 있었다. 후자의 질문을 보다 매력적으로 여겨 그 답을 찾고자 노력한 사람들이 만든 연구 분야가 기계 학습Machine Learning이다.

1959년 이 개념을 처음 제안한 사람은 컴퓨터 게임과 인공지능 분야의 선구자인 아서 사무엘Arthur Samuel로 그는 IBM의 직원이었다. 기계 학습 분야 인공지능 연구자들은 논리-기호적 접근으로 지식을 쌓고자 한 인공지능 분야와 반대로 생명체가 환경에서 스스로 중요한 생존 원리를 학습하듯 확률 시스템을 기반으로 패턴을 분석하고 최적화하는 모델을 개발하는 데 목적을 두었다.

시카고대학교의 워런 매컬록과 월터 피츠Walter Pitts는 1943년 인간 두뇌 안의 신경세포가 이진법적 형태로 신호를 전달한다는 사실에 착안해 인공 뉴런Artificial Neuron 네트워크를 제안했다. 그리고 미국 해군의 지원을 받은 코넬대학교 프랭크 로젠블라트Frank Rosenblatt는 1957년 퍼셉트론Perceptron이라는 인공 신경망 시스템Artificial Neural Network 모델을 발표했다. 로젠블라트는 한 인터뷰에서 "스스로 학습할 수 있는 인공신경망은 나중에 인간의 두뇌처럼 사고하고, 다른 행성에 보내 우주탐사 활동에도 쓰일 것"이라고 예언했으나 당시에는 이것이 이뤄지지 않았다.

인공지능 연구를 논리-기호적으로 주도하던 캠프의 인물 중 하나인 마빈 민스키는 1969년 공저《퍼셉트론Perceptron》에서 이 모델이 선형 문제는 해결할 수 있지만 비선형 문제는 해결할 수 없다는 한계를 적나라하게 지적했다. 이에 따라 인공신경망 연구는 오랫동안 연구비를 지원받지 못한 채 어둠 속에 묻히고 만다. 사실 이 문제는 지금의 딥러닝 모델처럼 은닉층hidden layer을 추가한 다층퍼셉트론 모델로는 간단히 해결된다. 하지만 당시에는 이러한 모델이 알려져 있지 않았을 뿐 아니라 이를 가용하기 위한 컴퓨터 연산 능력이나 학습 가능한 데이터의 양도 턱없이 모자랐다.

아무튼 1980년대 중반부터 1990년대까지 제프리 힌턴Geoffrey Hinton과 데이비드 러멜하트David Rumelhart를 중심으로 인공신경망 연구에 새로운 전환점이 된 연구가 등장했다. 이들은 이른바 역전파Backpropagation 메커니즘을 기반으로 여러 층위multi-layer를 깊게 쌓은 인공신경망 모델을 새로 제안했는데 바로 이것이 딥러닝Deep Learning의 시초다. 문제는 역전파 모델로 아주 깊게 층을 쌓아 학습시킬 때 갑자기 학습에 필요한 정보가 사라지거나 새로운 문제를 잘 학습하지 못하는 현상vanishing gradient 등이 발생한다는 데 있었다. 하지만 2006년 이후 제프리 힌턴을 비롯한 연구자들이 그 솔루션을 제시하면서 인공신경망 연구는 2000년대 후반부터 지금까지 가장 많이 각광받고 있다.[14] 특히 2010년 이후 인터넷과 컴퓨터 기술 발달로 많은 데이터가 쌓이고 컴퓨터 연산 능력이 향상되자 엄청나게 발전했다.

4) 인공지능, 기계 학습, 딥러닝 분류

인공지능 분야에서 가장 자주 나오는 개념은 바로 기계 학습과 딥러닝이다. 일반적인 분류에 따르면 인공지능이 가장 상위 개념이고, 그 아래로 기계 학습, 그리고 기계 학습의 하위 개념으로 딥러닝을 놓는다. 하지만 기계 학습과 딥러닝 분야의 눈부신 발전이 이루어진 요즘 인공지능 분야 초창기의 논리-지식적 접근법을 부정하는 일부 전문가들은 기계 학습과 딥러닝의 영역은 인공지능 연구 분야와 일부

만 일치할 뿐이라고 말하기도 한다.[15]

어쨌든 기계 학습 분야에서 가장 기본적인 질문은 '기계가 스스로 학습할 수 있는가?'다. 그 가능성은 크게 세 가지 서로 다른 접근 방식으로 분류해서 살펴볼 필요가 있다.

지도 학습 Supervised Learning

만약 인공지능 알고리즘이 여러 개의 동물 사진을 보고 개와 고양이를 구분해야 한다면 처음에는 각각 개와 고양이로 구분하고 레이블링labeling한 데이터로 학습한다. 그리고 많은 학습을 거친 뒤 어느 순간 자연스레 개와 고양이를 구분한다. 쉽게 말해 선생님이 답을 알려주고 그 답을 공부하면서 어떻게 그 답을 구하게 되었는지 학습하는 방식이다.

비지도 학습 Unsupervised Learning

처음에 데이터만 있고 그 데이터를 어떤 기준으로 구분했는지 알려주지 않아도 알고리즘이 스스로 데이터의 구분점을 찾아내는 학습법이다. 예를 들어 여러 종류의 차를 보여주고 '이 차들을 몇 개 그룹으로 나눌 수 있을까?' 하고 물으면 알고리즘이 자신만의 기준을 정해 그 답을 찾아내는 식

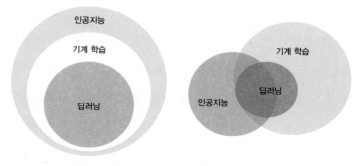

인공지능·기계 학습·딥러닝을 분류하는 두 가지 접근 방식.

이다. 다시 말해 선생님이 답을 알려주지 않아도 스스로 학습하는 방법이다. 때론 인공지능이 어떤 기준으로 답을 찾아냈는지 사람이 이해하기 힘들 수도 있다.

강화 학습 Reinforcement Learning

주어진 환경에서 어떤 행동을 실행할 때 가장 큰 보상 혹은 피해를 받는지 반복 경험하면서 학습하는 방식이다. 어떤 의미에서 생명체의 학습 방법과 가장 비슷한 모델이라고 할 수 있다. 주어진 규칙에 따라 행동하는 게 아니라 주어진 상황과 상태에 최적화된 행동 모델을 만들어가는 방식이니 말이다. 간단히 말해 선생님이 없는 정글 속에 던져져 스스로 살아남고자 최적화된 행동을 찾아가는 방법이다.

사람들이 가장 자주 묻는 질문 중 하나는 '딥러닝은 위의 세 가지 학습 방법 중 어느 것에 속하느냐'는 것이다. 사실 딥러닝은 주어진 문제가 무엇인가에 따라 세 가지 학습 방법을 모두 적용할 수 있다. 예를 들어 이미지 분류 작업은 주어진 분류 기준이 있을 경우 지도 학습에 딥러닝을 활용할 수 있다. 반면 분류 기준이 없으면 그 기준을 찾는 데 딥러닝을 활용할 수 있다.

최근 들어서는 이 학습 방법들을 통합한 형태의 딥러닝 학습법도 등장했다. 예를 들어, 자가지도 학습self-supervised learning은 최근 가장 떠오르는 방법론 중 하나인데, 답은 정하되 사람이 답을 주지는 않는 형태로 비지도 학습과 지도 학습의 장점을 융합한 학습 방법이다.

근래 주목받는 또 하나의 알고리즘은 GAN이라 불리는 생성적 적대 신경망Generative Adversarial Network이다. 생성자 Generator와 감별자Discriminator라는 두 개의 인공신경망을 서로 경쟁시키면서 거짓 데이터를 만들어낸다. 생성자 알고리즘은 점점 더 진짜와 구분이 안 될 정도로 정교한 가짜 데이터를 만들어내고, 감별자 알고리즘은 점점 더 세밀하게 진짜와 가짜 데이터를 구분하는 법을 배우게 된다. 이를 통해 인간의 감각으로 거의 구분되지 않는 데이터를 만드는 것도 가능하게 되었다. 우리가 최근에 미디어를 통해 접한 디지털 휴먼의 얼굴이나 제스처 등이 이렇게 만들어지기도 한다.

5) 인공지능 분야의 적용 영역과 확대

인공지능 분야 연구가 일반 대중에게 알려진 계기는 시기마다 있어왔다. 역사적으로는 튜링 테스트가 가장 널리 알려져 있으며 1990년 창설해 컴퓨터 프로그램이 인간과 대화하면서 가장 인간처럼 여겨지는 퍼포먼스를 보인 프로그램에 상을 주는 뢰브너상Loebner Prize도 유명하다. 세계 곳곳에서 열리는 튜링 테스트에서는 챗봇chatbot 유진 구스트만Eugene Goostman처럼 우크라이나 출신의 10대 소년을 흉내 낸 알고리즘이 튜링 테스트를 통과해 우승했다는 뉴스가 보도되기도 했다. 하지만 일반적으로 인공지능 연구자들은 이런 대회를 '쇼'에 불과하다고 비판한다.

또 다른 쇼는 주로 게임 영역에서 등장했다. 1997년 세계적인 체스 챔피언 가리 카스파로프Garry Kasparov를 상대로 승리해 유명해진 IBM사의 인공지능 체스 프로그램 딥

체스 플레이어와 인공지능.

블루Deep Blue는 많은 사람에게 충격을 안겨주었다. 2011년에는 미국의 인기 있는 퀴즈 프로그램 〈제퍼디!Jeopardy!〉에서 두 인간 챔피언 켄 제닝스Ken Jennings와 브래드 러터Brad Rutter를 상대로 IBM사의 인공지능 프로그램 왓슨Watson이 승리를 거두면서 큰 뉴스거리가 되었다. 2016년에는 구글의 인공지능 딥마인드DeepMind가 바둑에서 이세돌 9단에게 승리를 거두며 또 한 번 전 세계적인 사건으로 기록에 남았다.

이처럼 체스와 퀴즈, 게임 영역에서 인공지능이 인간의 지능을 뛰어넘을 수 있음을 보여주자 일반 대중도 인공지능의 가능성에 주목하기 시작했다.

2010년대를 지나 2020년대에 들어서면서 인공지능을 활용하는 분야는 어마어마하게 넓어지고 있다. 모두의 기억에 남을 코로나-19 바이러스 팬데믹이 창궐한 2020년대 초 가장 주목할 만한 인공지능 기술 활용은 바로 백신 개발 연구다. 수많은 종류의 유전자와 단백질을 스크리닝하는 과정에 인공지능 알고리즘을 투입하지 않았다면 그토록 짧은 시간 안에 백신을 개발하는 일은 불가능했을 것이다. 특히 딥마인드 사의 알파폴드2 같은 경우는 과학계의 난제로 꼽히던 3D 단백질 구조를 예측하는 데 투입되면서 엄청난 역할을 해냈다.

이처럼 의료 영역뿐 아니라 자동차, 비행기 같은 이동 영역에서도 자율주행이나 자율비행이 점차 일상화하고 있는 추세다. 이미 구글 등이 발표한 인공지능 비서AI Assistant는 사람처럼 대화하고 예약을 잡아주는 일에서 인간과 구분하기 어려울 정도다. 딥페이크나 딥보이스 같은 알고리즘으로 누군가와 똑같은 얼굴, 같은 목소리를 지닌 디지털 휴먼 아바타를 만드는 일도 누구나 할 수 있을 정도로 쉬워졌다.

예전에는 꿈같던 자동번역기 역시 이미 일상화했다. 가령 뉴욕에서 택시를 타면 브라질 출신 우버 드라이버가 영어를 전혀 하지 못해도 스마트폰 번역기에 말을 해달라고 하거나 번역기로 실시간 소통을 하며 운전한다. 틱톡에서는 서로 다른 나라의 인플루언서들이 실시간 라이브 방송을 하며 각자의 언어로 이야기하고 번역기로 서로의 말을 이해한다.

최근 국내 기업이 인수한 회사 보스턴 다이내믹스Boston Dynamics는 사람처럼 뛰고 춤추고 공중제비를 넘는 이족보행 로봇을 선보였는데, 이 로봇을 움직이는 알고리즘도 인공지능 기반이다. 예술 영역에서는 인공지능이 글을 쓰고 작곡을 하며 미술 작품도 그리는 능력을 선보이고 있다. 현재 인공지능 알고리즘은 충분히 많은 데이터를 기반으로 작업할 수 있는 거의 모든 영역에 투입되고 있다.

"그대의 설명을 들으니 현재 인공지능이 어디까지 발전했고 인공지능을 어떤 분야에 적용하고 있는지 잘 알겠다. 한창 발전하는 중으로 보인다."

계속 듣고 있던 빛나는 구체가 다시 말하기 시작했다.

"하지만 그대의 세상이 현재 상태 그대로 발전하며 존속할지, 아니면 예측하지 못한 변화로 혼돈과 파괴를 겪을지는 이제부터 결정될 것이다. 그대들이 미래를 어떻게 그리고 만들어가는지, 인간과 인공지능의 공존을 어떻게 디자인하는지가 중요하다. 그대의 세상에 이러한 미래를 그리고 준비하는 사람들이 있는가?"

나는 한참 동안 생각하다가 반문했다.

"사람들은 저마다 다른 방식으로 인공지능을 바라보고 있습니다. 우리 모두가 함께 미래를 그려가야 하는 건가요?"

"그대들은 이미 20세기에 핵전쟁에 따른 파멸 위기를 한 번 겪었다. 또한 전 지구적인 기후 변화 위기가 현재 진행 중인 것으로 알고 있다. 그러니 잘 생각해보기 바란다. 미래를 각자가 준비해도 괜찮겠는가, 아니면 누군가 혹은 단 한 번의 실수만으로도 모두가 위험에 처할 수 있겠는가?"

갑자기 섬뜩해진 나는 대답하지 못하고 머뭇거렸다.

"인공지능과 인간의 공존 역시 전 지구적으로 모두가 함께 준비해야 하는 일이군요."

"정확하다. 하나의 답을 찾을 수 없더라도 모두가 함께 고민해야 한다. 그대들에게 바로 이런 메시지를 전하기 위해 우리가 미래에서 온 것이다."

"많은 사람이 인공지능과 인간의 공존 문제를 고민하고 있긴 합니다."

나는 대답을 시작했다.

인간과 인공지능은
어떻게 공존해야 할까

1
인간이란 무엇일까,
세 가지 키워드

자신이 살아있다고 스스로 알고 있는 생명체는 몇이나 될까? 스스로를 인지할 뿐 아니라 주변의 다른 생명체가 자신을 어떻게 인지하고 있는지도 아는 생명체가 바로 인간이다.

인공지능에 대해서만 계속해서 이야기하다 보니 인공지능의 모델이 된 인간에 대해서는 제대로 살펴보지 못했다. 인간을 인공지능으로부터 구분 짓는 것이 무엇일까? 여러 가지 답이 있겠지만, 핵심이 되는 것은 다음의 세 가지 키워드일 것이다.

1) 생명: 인간은 살아있다.
2) 지능: 인간은 스스로 생각하고 새로운 지식을 학습한다.

3) 연결: 인간은 한 개체를 넘어서서 다른 개체와 상호작
  용한다.

1) 라이프 3.0

생명과 지능은 모두 인간이라는 존재를 정의하는 데 필수
요소인 동시에 인공지능의 미래를 논의하는 일에서도 중요
한 주제다.

　물리학자이자 미국 MIT의 미래 생명 연구소Future of Life
Institute 소장인 맥스 테그마크Max Tegmark는 자신의 책《맥
스 테그마크의 라이프 3.0》에서 생명을 다음 3단계로 정의
한다.[16]

　라이프 1.0: 생존할 수 있고, 자기복제가 가능한 생명
　　　　　 (Biological).
　라이프 2.0: 생존할 수 있고, 자기복제가 가능하며, 자신
　　　　　 의 소프트웨어를 직접 디자인할 수 있는 생명
　　　　　 (Cultural).
　라이프 3.0: 생존할 수 있고, 자기복제가 가능하며, 자신
　　　　　 의 소프트웨어를 직접 디자인할 수 있고, 자

신의 하드웨어도 직접 디자인할 수 있는 생명

(Technological).

첫 번째 단계의 생명, 라이프 1.0은 생물학적 구조를 지닌 생명이다. 라이프 1.0의 생존과 자기복제 주체는 DNA, 다시 말해 유전자다. 진화생물학자 리처드 도킨스Richard Dawkins가 말하는 바로 그 '이기적인 유전자'[17]다.

예를 들어 대장균 같은 하등생물을 생각해보자.[18] 대장균은 여섯 개의 편모로 움직이고 빙빙 돌거나 빠르게 직진할 수 있다. 그렇게 무작위로 움직이다 양분인 포도당 농도가 높아지는 것을 감지하면 그쪽으로 이동한다. 지능이 높지는 않지만 유전자 프로그래밍대로 행동하면 양분을 찾아 생존 확률을 높일 수 있고 좋은 양분 자원을 찾을 경우 자신을 복제한다.

하지만 뇌가 없는 대장균은 가령 포도당 농도가 높은 곳에 페놀 같은 독소가 있어도 그저 포도당 농도만 따라갈 뿐 그 환경 변화를 학습하지 못해 죽고 만다. 우연히 유전자가 변이해 페놀을 감지하고 피할 수 있는 개체가 생겨나면 그 개체만 살아남는다. 이것이 라이프 1.0의 대표적인 예다. 이 단계에서는 생존과 복제는 가능하지만 자신의 프로그램을 스스로 바꾸지는 못한다.

두 번째 단계의 생명, 라이프 2.0은 생물학적 구조는 기본이고 문화도 갖춘 생명이다. 이것은 모든 행동을 유전자가 결정하는 것이 아니라 살아 있는 한 세대 동안 다양한 종류의 프로그램을 학습하고 적용하며 자신의 소프트웨어를 스스로 바꿀 능력을 지닌 생명체를 뜻한다. 바꿔 말하면 라이프 2.0의 주체는 주변 환경과 개체의 행동에 따라 학습할 수 있는 뇌다.

남아프리카에 사는 버빗원숭이Vervet Monkey의 예를 보자.[19] 원래 버빗원숭이는 옥수수를 좋아하는데 실험을 위해 남아프리카 콰줄루-나탈 지역의 109마리 원숭이에게 각각 파란색과 핑크색으로 염색한 옥수수를 주면서 두 색깔 중 하나에서 쓴맛이 나게 했다. 석 달에 걸쳐 특정 색에서 쓴맛이 난다는 걸 학습한 원숭이들은(한 그룹은 파란색이 쓴맛, 다른 그룹은 핑크색이 쓴맛이 나는 것을 학습했다) 이후 그 색깔의 옥수수를 피했다. 그로부터 4개월 후 27마리의 새끼 원숭이가 태어났는데 그중 26마리는 처음부터 쓴맛이 나는 색깔의 옥수수를 먹지 않았다. 그들은 어미 원숭이의 행동을 보고

배운 것이었다.

원숭이 10마리는 파란색 그룹과 핑크색 그룹으로 서로 바꿔 이동했는데 이동하자마자 10마리 중 7마리가 원래 학습한 색깔의 옥수수를 피하는 걸 멈추고 새로운 무리가 피하는 색깔의 옥수수를 똑같이 피했다. 유전자가 프로그램한 행동, 다시 말해 옥수수 선호 본능을 넘어서서 다른 종류의 행동을 자유롭게 학습하는 능력이 생긴 것이다.

이처럼 라이프 2.0에서는 자신의 행동을 결정하는 프로그램, 즉 소프트웨어를 문화적 학습으로 바꿀 수 있다. 바로 이런 능력이 이른바 인간의 '지능'을 탄생시켰다고 할 수도 있다.

세 번째 단계의 생명, 라이프 3.0은 아직 존재하지 않는 생명이다.[20] 물리학자 테그마크에 따르면 라이프 3.0에서는 자신의 행동을 결정짓는 소프트웨어만 바꾸는 것이 아니라 주체를 이루는 몸, 그러니까 하드웨어 자체를 자유롭게 업그레이드할 수 있다. 이러한 라이프 3.0은 이제 막 생겨나고 있는 중이다.

2020년 노벨화학상을 수상한 유전자 조작기술CRISPR 등을 활용해 살아 있는 생명체가 자신의 DNA와 유전자를 바꿀 수 있는 시대가 열렸다. 이제 우리는 자연 진화로 선택된 DNA에 만족하지 않고 자신의 유전자 자체를 업그레이드하고 마음대로 바꾸는 시대에 접어들었다. 사실 라이프 3.0은 굳이 생물학 시스템일 필요도 없다. 스스로 자신의 알고리즘을 새로 짜고 업그레이드하는 인공지능, 또한 여기에 필요한 연산 능력을 업데이트하기 위해 자신의 반도체칩까지 새로 디자인하는 인공지능을 프로그램한다고 상상해보자. 이 인공지능은 자신의 소프트웨어뿐 아니라 하드웨어까지 거의 무한대에 가까울 정도로 업그레이드할 수 있을 것이다.

사실 이와 같이 나누는 것은 일반적인 생명의 정의 방식은 아니다. 좀 더 일반적인 의미에서의 정의에 대해 살펴보자.

2) 인간을 정의하는 첫 번째 키워드: 생명

의외로 가장 답하기 어려운 질문 중 하나가 '생명'이다. 삶이란 무엇인가? 살아 있다는 것은 무엇인가? 간단히 답할 수 있을 듯하지만 이 질문에는 완벽한 답이 없다. 수많은 다양한 정의가 있으나 그 어떤 정의도 우리가 알고 있는 생명을 완벽하게 담지는 못한다. 옥스퍼드 영어사전에서 생명의 정의를 찾아보면 다음과 같다.

"동물과 식물을 무기물과 구분하는 조건으로 성장, 재생
산, 기능적 활동 그리고 죽음 이전에 지속적으로 변화할
수 있는 능력을 포함한다."[21]

온라인에서 위키피디아를 살펴보면 이렇게 이야기한다
(위키피디아는 계속 바뀌기 때문에 찾아보면 내용이 조금 다를 수 있다).

"생명이란 자체 신호를 가지고 스스로를 유지할 수 있는
물체의 특성이다. 이러한 특성으로는 다음 다섯 가지가 있
다. 성장, 물질대사, 변화, 생식·재생산, 외부 자극에 반응."

이 특성만으로 생명을 정의한다면 '불Fire'도 여기에 해
당한다. 불은 태울 거리만 계속 공급하면 점점 커진다(성장).
양분처럼 태울 거리를 꾸준히 공급해야 하고 다 태우면 다
른 물질로 바뀐다는 점이 우리가 몸 안에서 양분을 소비하
고 배설하는 대사 과정과 흡사하다(물질대사). 태우는 물질
과 지형, 바람, 날씨에 따라 늘 모습이 다르다(변화). 옆에 있
는 다른 물질에 옮겨 붙어 또 다른 불을 만든다(생식·재생산).
물 혹은 알코올을 뿌리거나 공기를 더 공급하는 것에 따라

능동적으로 반응한다(외부 자극에 반응). 위키피디아의 정의에 따르면 불도 살아 있는 존재다.

어쩌면 위키피디아 자체도 살아 있는 생물에 속할지 모른다. 곰곰 생각해보면 위키피디아는 새로운 항목이 계속 늘어나면서 성장하고 있고 그 안에서 다양한 변화가 일어난다. 또한 좋지 않은 기록은 사라지고 좋은 기록은 남아서 사전의 일부가 된다. 나아가 위키피디아에 있는 내용은 복사와 붙여넣기로 다른 곳에서 수없이 재생산되며 외부 뉴스와 사건에도 늘 빠르게 반응한다. 위키피디아의 정의에 따르면 위키피디아도 생물이라고 할 수 있지 않을까?

생명은 어떤 정보로 구성되어 있을까

지구상의 모든 생명체에는 공통 언어로 쓰인 설계도가 있을까, 아니면 서로 다른 모습을 한 모든 생명체는 제각각 다른 언어로 쓰인 자기만의 설계도를 갖고 있을까?

1953년 두 젊은 과학자 제임스 왓슨James Watson과 프랜시스 크릭Francis Crick은 DNA의 이중나선 구조를 설명한 논문을 발표했고, 그 공로로 1962년 노벨생리의학상을 공동수상했다.

아메바 같은 단세포 생물부터 식물과 동물까지 지구상에 있는 수많은 존재가 모두 정확히 똑같은 형태의 설계도로 만들어진다는 사실은 그 설계도를 발견하기 전만 해도 상상하기 어려운 일이었다. 그런데 각각의 생물을 구성하는 정보를 모두 담고 있는 설계도가 세포핵에 있는 DNA라는 것이 밝혀진 순간, 유전 정보를 전달하는 기본 단위로 모든 생명체에 공통 설계도가 존재한다는 것이 드러났다. 더구나 그 설계도가 어떤 언어로 쓰였는지 해독도 가능하다.

생물학자들이 '생명의 도그마' 또는 '분자생물학의 도그마'라고 이름 붙인 기전은 DNA 발견 이후 정립되었다. 이것은 모든 생명체가 어떻게 DNA라는 설계도에서 RNA로 복사돼 세포 안의 공장이라 할 수 있는 리보솜까지 전달되고, 그곳에서 단백질을 생산해 생명체의 몸을 구성하는 모든 구성 요소를 만들어내는지 설명하고 있다.

모든 생명체에는 공통 언어로 쓰인 설계도가 있고 그 설계도에 따라 생명체가 필요로 하는 모든 요소가 만들어진다. 이 사실은 모든 생명체가 공통 '정보전달 메커니즘'을 공유하고 있다는 점에서 그 의미가 매우 크다.

3) 인간을 정의하는 두 번째 키워드: 지능

생명의 기본인 정보전달 메커니즘에는 DNA 외에 또 하나가 있다. 미국 예일대학교 뇌과학자 이대열은 자신의 책《지능의 탄생》[22]에서 이를 흥미로운 질문 형태로 제시한다. 생명체는 기본적으로 정보전달 과정에서 복제가 완벽하지 않아 자신을 보존하고 복제하는 중에 발생하는 다양한 문제를 해결할 능력이 필요하다. 무엇보다 유전자는 DNA로 다음 세대에게 정보를 전달하는데 여기에는 다음 세대로 넘어가기 전에는 정보를 전달할 수 없다는 약점이 있다. 더구나 한 생명체의 삶이 더 길어지면서 죽지 않고 아직 살아 있는 한 세대 동안 이뤄지는 또 다른 형태의 정보전달 메커니즘도 필요해졌다. 이것이 바로 신경계 진화로 탄생한 뇌의 역할이다. 이대열 교수는 이것을 다음과 같이 표현한다.

"뇌는 유전자가 해결할 수 없는 문제를 대신 해결하기 위해 등장한 일종의 대리인이다. 그 같은 대리인은 유전자가 미리 예상하지 못한 환경에서 유전자를 무사히 복제하도록 여러 가지 학습 방법을 개발한다."

그는 죽은 뒤 다음 세대로 넘어가기 전, 그러니까 한 세대 안에서 살아 있는 동안 다양한 학습 방법이 서로 유연하게 결합하는 과정이 '지능'이라고 말한다. 즉, 뇌는 살아 있는 동안 생겨나는 문제를 해결하기 위해 지능을 탑재한 것이다.

지능의 진화: 뇌와 학습의 상관관계

뇌가 있는 생명체에게는 기존 단세포 생물이나 식물에 비해 훨씬 유리한 능력이 생겼다. DNA와 유전자 진화는 매 세대 이뤄져야 하는 반면, 뇌는 한 세대 안에서 다양한 종류의 프로그램을 가동하며 학습으로 생존 확률을 높이게 해주었다. 즉, 타고난 유전자 프로그램만 따라가면 특정 행동을 하다가 살아남거나 살아남지 못하는 결과로 이어지지만 뇌는 어떤 행동의 결과가 해로웠다는 경험을 하면 새로운 행동을 프로그래밍해주는 것이다.

미국 사회심리학자 제임스 볼드윈James Baldwin은 진화 과정에서 학습이 지닌 의미를 제안해 '볼드윈 효과Baldwin Effect' 개념이 생겨나는 데 기여했다. 진화는 기본적으로 유전자 간의 싸움이다. 따라서 외부환경 변화에 더 잘 적응하는 행동 패턴 프로그램이 있는 유전자는 살아남고 그렇지 못한 유전자는 도태된다.

흥미롭게도 감각기관과 운동기관이 연결된 복잡한 신경계, 즉 뇌가 있는 동물에게는 한 세대가 지나버려 도태되기 전에 살아 있는 동안 자신의 행동 패턴 프로그램을 바꿀 능력이 생겼다. 이것을 '학습'이라 할 수 있는데 이는 유전자에 입력된 패턴으로만 행동하는 게 아니라 외부환경 경험을 기억해 자신의 행동을 스스로 바꿀 수 있는 능력이다. 결국 학습 능력을 갖춘 생명체는 미래를 예측해 살아남을 확률을 극대화할 수 있다. 볼드윈 효과는 바로 학습 능력을 갖춘 개체가 진화에서 더 유리하다는 가설이다. 다시 말해 뇌가 탄생해 생명체에 생겨난 능력은 진화를 가속하는 능력이다.

뇌가 점점 커진 이유

우리 뇌는 점점 커지는 방향으로 진화했다. 그 이유는 과거를 기억하고 학습하는 뇌의 용량이 커질수록 외부환경 변화를 예측하고 그에 선제적으로 대응하는 능력이 고도화했기 때문이다. 생명체는 지능 측면에서 유전자가 보유한 역할을 점점 더 많이 뇌가 보유한 역할로 대체하는 방향으로 진화했다고 볼 수 있다. 우리는 포유류에서 그런 역할이 가장 극대화한 모습을 볼 수 있다.

포유류는 태어나자마자 먹고 움직이는 거의 모든 행동 패턴이 뇌에 프로그래밍된 양서류나 파충류에 비해 엄청난 노력을 기울여 새끼가 살아남도록 키워야 한다. 알에서 수많은 개체가 태어나 그중 일부가 살아남는 전략과 달리 소수의 새끼를 낳으면 그다음 세대가 살아남는 데 필요한 정보를 학습하도록 부모가 오랜 시간과 에너지를 들일 수밖에 없다. 하지만 뇌가 더 커지고 유연해진 장점은 지구상에 큰 변화가 나타났을 때 더욱 확연해졌다. 예를 들어 소행성 충돌 때문이든 기후 변화 때문이든 환경이 크게 변화하자 공룡은 멸종했지만 포유류는 살아남았다.

포유류의 뇌는 또 다른 능력도 보유했다. 어쩌면 이것은 학습을 위해 다른 개체의 행동을 관찰하고 모방하고 예측하는 것이 중요해지면서 생긴 능력인지도 모르지만 포유류가 '감정'을 느끼게 된 것이다. 특히 다른 개체의 감정을 함께 느끼면서 외부환경이 변했을 때 그 변화를 직접 경험하지 않아도 다른 개체의 감정 전염으로 더 빠르고 효율적으로 대응할 수 있었다.

가령 먹이를 찾아 흥분해서 달려가는 다른 개체를 관찰하면 같이 따라가기만 해도 먹이를 함께 먹을 수 있다. 또한 공포와 두려움을 느끼는 다른 개체의 감정에 동화해 함께 움츠리거나 도망가면 살아남을 확률이 높다. 우리는 일상적으로 "눈치가 빠른 사람은 어딜 가도 살아남는다"고 말할 때가 있는데, 이렇게 다른 개체의 감정을 인지하고 그에 빠르게 동화되는 능력을 쥐를 포함한 여러 사회적 동물이 가지고 있다.

인류는 유인원과 인간의 뇌로 넘어오면서 다른 개체를 인지하는 능력이 더 크게 발달했다. 단순히 다른 개체의 감정에 반응하고 동화하는 것을 넘어 한 상황에서 다른 개체가 어떤 감정을 느끼는지 예측이 가능해진 것이다. 이는 다른 개체의 행동을 미리 시뮬레이션해보고 그 개체와 다른 행동을 해서 이득을 취할 가능성까지 열어줬다. 다시 말해 한 상황에서 다른 개체가 어떤 감정을 느낄지 예측이 가능해진 동시에 발생 가능한 여러 시나리오를 프로세싱할 정도로 뇌 용량과 능력이 늘어났다.

이 능력은 여러 개체가 함께 사는 동안 진화에 커다란 장점이었을 테고 결국 뇌의 진화가 다른 개체를 예측하는 능력을 높이는 방향으로 이뤄진 것으로 보인다. 이를 기반으로 다른 개체와의 소통 능력, 의사표현 능력이 발달하고 인류의 지능이 전반적으로 급속히 높아졌다고 보는 것이 '사회적 지능Social Intelligence' 가설이다. 이 사회적 지능 덕분에 인류는 타인뿐 아니라 자기 자신도 인지하고 돌아보는 '메타인지' 능력까지 갖추게 되었다. 인간의 생각하는 능력은 여기에서 탄생했다고 볼 수 있다.

여기까지 왔으니 새로 다시 한번 질문을 해야겠다.

"지능이란 무엇인가?"

인류는 라이프 2.0에 도달하면서 뇌가 생기고 외부환경과 다른 개체를 기반으로 문화적 학습을 하며 자신의 소프트웨어를 계속 업그레이드하는 존재로 거듭났다. 그 과정에서 인간이 지닌 고유한 능력이 탄생했는데 우리가 '지능'이라 부르는 그 능력의 정체는 대체 무엇일까?

생명을 정의하는 것과 마찬가지로 지능을 정의하는 것 역시 어렵다. 지능 정의와 관련된 논문, 연구, 저서를 찾아보면 모두 제각각 다른 범주로 지능을 정의하고 있다. 이를테면 논리적 사고력, 스스로의 자각, 학습 능력, 감정을 읽어내는 능력, 추론 능력, 계획 능력, 창의력, 비판적 사고, 문제 해결력 등 다양한 토픽과 능력이 혼재되어 있다. 또 다른 접근에서는 지능을 정보를 찾거나 알아내는 능력이라 하고, 특정 목적을 위해 문제를 해결하는 능력이라 정의하기도 한다.

지능을 정의하려는 이 모든 시도 가운데 특히 눈에 띄는 것은 그 정의 자체가 지극히 인간 중심으로 이뤄지고 있다는 점이다. 다시 말해 인간에게는 있으나 다른 생명체에는 없다고 보는 것을 지능으로 정의하려는 경향이 있다.

현재 개발된 인공지능 시스템은 대부분 인간 혹은 인간의 지능이라 여기는 하나의 능력을 모델로 만들었다. 하지만 인간이 아닌 다른 생명체의 지능까지 살펴보아야 인공지능을 제대로 이야기할 수 있지 않을까 싶다. 그뿐 아니라 생물학적 생명이 아닌 테그마크가 말하는 라이프 3.0 레벨에서의 인공지능은 그야말로 새로운 시작점일지도 모른다. 그러니까 미래에는 유전자와 DNA, 신경계, 뇌 없이도 스스로 소프트웨어와 하드웨어를 모두 업그레이드할 수 있는 존재만 지구상에 유일하게 살아남을 가능성도 있다.

그럼 거기까지 가기 전에 인간을 구성하는 세 개 키워드 중 마지막 하나를 살펴보고 인공지능과 인간의 미래를 더 상상해보기로 하자.

4) 인간을 정의하는 세 번째 키워드: 연결

이번 장은 인간의 뇌가 기계, 즉 인공지능과 어떻게 다른 지 살펴보면서 시작했다. 우리는 첫 번째 키워드로 살아 있 는 뇌, 그러니까 생명을 먼저 짚어보았고 두 번째 키워드로 변화에 능동적으로 대처하며 생존하기 위해 스스로 진화해 온 뇌의 지능을 알아보았다.

아직까지 스스로 관찰, 학습, 모방, 소통, 예측하고 심지어 자기 자신을 인지하는 능력을 지닌 기계 혹은 인공지능은 존재하지 않는다. 그렇다면 마지막으로 인공지능과 다른 인 간만의 특별한 점은 무엇으로 정의할 수 있을까?

이제 우리가 혼자가 아니라 늘 서로를 생각하는 '사회적 인 뇌'를 지녔다는 점을 살펴보자. 어떤 기계도 다른 기계를 걱정하거나 의식하지 않지만 우리는 늘 그렇게 살아간다. 또한 우리는 인간을 기계와 구분할 때 감정, 창의성, 메타인 지, 의식, 자아 등을 특별함으로 꼽는다. 어쩌면 이 모든 것 은 우리가 다른 사람을 생각하고 의식하는 사회적 뇌를 지 녔기에 자연스레 따라오는 능력인지도 모른다.

인간의 뇌는 지난 수만 년 동안 얼마나 업그레이드되었을까

지난 50여 년간 IT산업은 엄청나게 발전해왔다. 인공지능 성능이 좋아진 원동력 중 하나도 반도체 집적회로 용량과 연산 능력이 계속 늘어난 것인데, 이를 두고 자주 인용하는 것이 '무어의 법칙Moore's Law'이다. 이것은 법칙이라고 말하긴 하지만 실은 경험적 관찰에 가깝다. 1965년 인텔의 공동창업자 고든 무어Gordon Moore가 반도체의 집적회로 성능이 24개월마다 2배씩 증가할 거라고 예측했는데[23] 이후 2000년대 중반까지 이것이 실제로 이뤄지면서 법칙이라 부르기 시작한 것이다.

무어의 예측에 따르면 컴퓨터나 스마트폰 성능은 대략 2년마다 2배씩 증가하고 가격은 2년마다 절반으로 떨어진다. 그런데 신기하게도 이 예측이 잘 들어맞았다. 물론 간단히 계산해봐도 어느 순간 한계에 이르러 더 이상 그 같은 속도로 발전할 수는 없겠지만, 어쨌든 수십 년 동안 컴퓨터 성능은 거의 기하급수적으로 증가해왔다. 극단적인 예를 들면 1969년 인간을 달로 쏘아 보낼 때 미국 항공우주국NASA 전체가 사용한 모든 슈퍼컴퓨터의 연산 능력을 다 합쳐도 2021년 현재 사람들이 갖고 다니는 스마트폰 중 어떤 기종

이든 그 하나의 연산 능력이 몇 배 더 높다.

그러면 지난 수만 년 동안 인간의 뇌 용량과 연산 능력은 얼마나 증가했을까?

사실 인간의 뇌가 진화하는 속도는 반도체칩 발전 속도와 비교하기 어려울 정도로 느리다. 여러 화석과 인간 뇌의 해부학적 구조 그리고 남아 있는 DNA를 기반으로 연구한 결과 인간의 뇌는 약 200만 년 전부터 신체 크기와 함께 커지기 시작한 것으로 알려져 있다. 더욱이 비교적 최근인 80만 년 전부터 20만 년 전까지 용량이 계속 증가한 이후 크게 변하지 않은 것으로 알려져 있다.[24]

현대인의 뇌 크기와 신경세포 숫자에 큰 차이가 나지 않게 된 시기는 약 20만 년 전~2만 년 전으로 추정하며, 가장 근래인 3,000년 전 즈음에는 오히려 용량이 15퍼센트 줄었다는 연구도 있다.[25] 이 연구의 저자들은 기술과 문명 발달, 집단 지성 등장으로 용량이 줄어들었다고 추정하고 있다.

요약하자면 인간의 뇌는 지난 2만 년 동안 거의 진화하지 않았다. 특히 반도체칩과 비교하면 용량이나 연산 능력이 단 1퍼센트도 늘어나지 않았다! 인간의 생물학적 하드웨어는 구석기 시대 동굴에서 살던 초기 인류에 비해 거의 변하

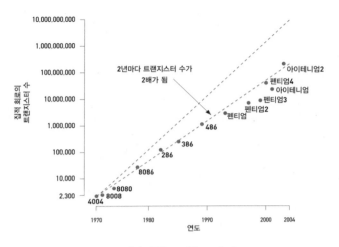

무어의 법칙을 보여주는 그래프.

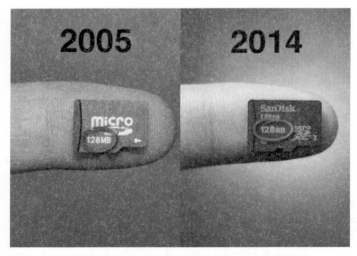

약 10년 동안 마이크로 SD카드 내부의 용량 차이는 1,000배 증가했다.

지 않은 것이다. 우리 뇌는 2만 년 전이나 지금이나 큰 차이가 없다.

정말로 그렇다면 여기에 한 가지 의문점이 생긴다.

구석기 시대 인류와 우리 뇌가 하드웨어 측면에서 거의 차이가 없는데 어떻게 우리가 이토록 눈부신 문명의 발전을 이룬 것일까? 어떻게 우리가 자동차와 비행기를 발명하고 컴퓨터와 인터넷을 사용하며 인공지능을 다루게 된 것일까?

많은 신경과학자와 인류학자가 그것은 바로 '사회적 뇌 Social Brain' 덕택에 이룬 발전이라고 이야기한다. 다시 말해 한 개인의 유전자나 뇌가 갑자기 업그레이드되어 변화가 일어난 게 아니라 '뇌와 뇌의 연결'로 새로운 발견이 가능했고 발전 속도도 가속화했다는 말이다. 인간이 혼자 이룰 수 있는 것에는 한계가 있지만 생각과 생각이 만나 새로운 지식과 정보를 교류하면 우리는 혁신을 만들고 상상하기 어려운 발전도 이룩해낸다! 그리고 기술 혁신은 다시 이러한 연결 기반을 만들어낸다.

인류가 경험한 첫 번째 커다란 기술 혁신은 '활자 발견'이다. 글자로 기록하면서 인류는 시대와 공간을 넘어 지식과

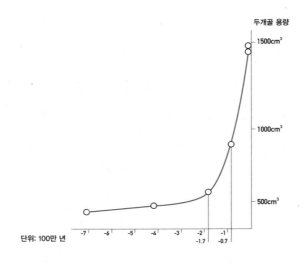

인간 뇌 용량의 변화. 출처: Smithsonian Institute, Karen Carr Studios.

정보를 전달하는 일이 가능해졌다. 한 동굴, 한 공간에서 함께 생활하는 사람만 알고 있던 것을 더 많은 사람이 알게 되면서 발전 속도는 가속화했다. 이후에 이뤄진 선박과 자동차, 비행기 발명도 더 멀리 떨어진 곳에 있는 사람들의 지식과 정보를 연결했다는 측면에서 인류 문명 발전에 기여했다고 볼 수 있다.

사실 인류는 지식과 정보 연결이 원활할 때 더욱더 발전했다. 가령 지식과 정보를 일부 성직자가 독점하던 중세 시대에는 발전 속도가 느린 반면 수많은 과학자, 사상가, 예술

'굿모닝 굿나잇' 시리즈
아침에 시작해서 저녁에 끝내는
세상의 모든 교양 라이브러리

주경철   박지향   이지순   임혁백   최재천

장동선   서천석   이진우   홍춘욱   김민형

이종필   김경일   최윤식   정지훈   예병일

문병로   이정동   정재찬   조영태   Good morning Good night

'굿모닝 굿나잇'은 21세기 지식의 새로운 표준을 제시합니다.
최고의 필진이 세상을 바라보는 지혜를 전합니다.

김영사

주경철

서울대 서양사학과 교수

어떻게 이상 국가를 만들까?

유토피아주의 소설을 통해 근대사회의 문제를 살펴보고 현재 우리 사회를 반추해본다

박지향

서울대 서양사학과 명예교수

평등을 넘어 공정으로

자유롭고 공정한 나라는 어떻게 가능한가? 처음 읽는 자유, 평등, 공정의 역사

이지순

서울대 경제학부 명예교수

너와 나의 경제학

경제학의 과거와 현재, 미래를 모두 알려주는 이지순 교수의 살아 있는 경제학 강의

임혁백

고려대 정치외교학과 명예교수

민주주의의 발전과 위기

민주주의의 개념을 익히고 지나온 역사를 살펴 미래까지 내다볼 수 있는 민주주의 입문서

최재천

이화여대 에코과학부 석좌교수

생태적 전환, 슬기로운 지구 생활을 위하여

인류가 초래한 기후변화의 위기와 21세기 생활철학으로서의 생태학 입문

장동선

궁금한뇌연구소 대표

AI는 세상을 어떻게 바꾸는가

인간과 인공지능이 함께 살아가는 미래를 대비하는 장동선 박사의 인공지능 수업

서천석

행복한아이연구소 소장

세 살, 이제 막 시작하는 육아

아이의 인생을 결정하는 세 살에 필요한
육아법의 모든 것

이진우

포스텍 명예교수

9명의 철학자와 9번의 철학 수업

소크라테스에서 니체까지, 앎이 즐거워지고
삶이 이로워지는 휴머니즘 철학 특강

홍춘욱

프리즘투자자문 대표

처음 시작하는 돈 공부

화폐의 기원부터 주식 투자까지 한 번 읽고
평생 쓰는 금융 기초 지식

김민형

에든버러
국제수리과학연구소장

수학의 기쁨 혹은 가능성

교과서 속 문제 풀이가 아닌, 수학 공부의
매력과 기쁨을 느끼게 해줄 책

이종필

건국대 상허교양대학 교수

물리학, 쿼크에서 우주까지

세상이 이렇게 작동하는 데는 과학적 이유가
있다! 알수록 힘이 되는 물리학 강의

김경일

아주대 심리학과 교수

김경일 교수의 심리학 수업

잘 보이지 않는 인간의 본모습을 밝히는
심리학의 세계로. 너와 나의 마음 실험실

최윤식
아시아미래인재연구소 소장

정지훈
DGIST 교수
IT 융합 전문가

당신 앞의 미래
정보혁명에서 인간혁명으로! '더 나은 미래'를
위한 최윤식 박사의 미래 수업

생성형 AI가 바꾸는 메타버스의 미래
현실과 상상이 공존하는 메타버스에서
살아갈 미래 세대를 위한 안내서

공룡을 되살리는 사람들 ㅣ 예병일　　**기술은 어떻게 사회를 혁신하는가** ㅣ 이정동

재미있는 알고리즘 여행 ㅣ 문병로　　**인구로 보는 대한민국의 미래** ㅣ 조영태

소월과 이상 ㅣ 정재찬　　　　　　　＊각권 13,500원 내외 ㅣ 시리즈는 계속 이어집니다.

독자들은 이렇게 읽었습니다!

"책이 나에게 이렇게 도움이 되는 순간이 또 있을까 싶을 정도로 세상을
보는 시각이 바뀌었습니다" _sj**983

"책은 얇은데 정말 많은 감정과 생각이 일어납니다" _he**y990

"쉽게 풀어 써서 읽기 좋아요. 단숨에 읽게 되네요" _do**6548

"이런 내용에 관심은 있지만 두꺼운 책은 싫다는 사람에게 참 좋은 다이
제스트" _th**pop

"우리 아이들이 겪을 시대를 대비해 한번은 읽어봐야 할 책" _sj**n

"아이들이 읽으면 좋을 책입니다" _V3**1

Good
morning
Good
night

**21세기 지식의 새로운 표준
'굿모닝 굿나잇' 시리즈**

이 시리즈는 (재)3·1문화재단과
김영사가 함께 발간합니다.

가가 교류한 르네상스 시대에는 혁신에 속도가 붙었다. 최근 역사를 살펴봐도 일부 정당이나 정치인이 지식과 정보를 독점하는 독재 사회에서는 혁신과 발전이 어려웠지만 지식과 정보를 모두에게 공개하는 사회에서는 혁신과 발명이 가속화했다. 가장 최근에 이뤄진 연결 혁신인 컴퓨터와 인터넷, 스마트폰, 모바일인터넷 확산 역시 같은 측면에서 바라볼 수 있다.

불과 200년 전 유럽에서 최고의 바이올리니스트로 꼽힌 인물이 연주하기 어렵다며 초연을 포기한 차이콥스키Tchaikovsky의 〈바이올린 협주곡〉을 이제는 한국의 8세 어린이가 웃으며 연주한다. 유전자나 뇌가 업그레이드된 것도 아닌데 어떻게 이것이 가능한 걸까? 바이올린 교습법과 학습법이 몇 세대에 걸쳐 이어져오면서 업그레이드되고 또 지식과 정보 습득이 쉬워져 연주자들의 실력이 좋아졌기 때문이다.

마찬가지로 한 기업 안에서 서로 다른 분야의 직원들 사이에 정보 교류와 연결성을 높이면 혁신 속도가 높아진다는 연구도 있다. 미국 MIT 미디어 랩Media Lab의 알렉스 펜틀랜드Alex Pentland 교수팀에 따르면 제약회사에서 효과적이고 더 빠른 속도로 신약을 개발하는 인재들에게는 공통 특성이 있다고 한다. 재밌게도 자신의 연구 분야와 상관없어 보이지만 회사 내 다른 사람이나 조직과 연결성이 높은 인재가 새로운 혁신과 발견 속도를 높인다. 이들은 각자의 연결성을 보여주는 소통과 교류 정도로 성과를 예측할 수 있었다고 한다. 인류의 혁신과 발전을 이뤄내는 힘은 다름 아닌 뇌와 뇌의 연결인 셈이다.

인간과 인공지능이 연결되는 미래

인간과 인간을 연결하는 것이 현재 우리가 누리는 문명을 비롯해 그 안의 여러 기술을 이룩했다면 미래에는 인간과 인공지능 연결이 또 다른 역할을 할 가능성이 크다. 앞으로는 주로 인간이 하던 일을 점차 인공지능이 대신할 테고 결국 인간과 인공지능을 어떻게 연결할 것인가가 점점 더 중요해질 수밖에 없다. 연결과 관계 디자인은 앞으로 인간과 인공지능이 함께 만들어갈 미래의 핵심에 자리하고 있다.

2
인공지능 윤리가
필요한 이유

그러면 우리는 인간과 인공지능의 관계에서 어떤 부분을
주의 깊게 바라봐야 할까? 인간과 인공지능이 보다 밀접해
지면서 발생하는 여러 가지 사회 문제는 주로 인공지능 윤
리AI Ethics[26] 분야에서 다루는데, 2020년 각국 전문가는 유
네스코에 모여 이 분야의 중요한 주제를 정리하기도 했다.
구글과 아마존, IBM 같은 여러 글로벌 IT기업도 계속 진행
하고 있는 이 논의에서 중요하게 다루는 질문에는 다음과
같은 것이 있다.

1) 안전성 문제: 인공지능의 통제권을 어디까지 제한해야 할까?

사회 전반에 걸쳐 인공지능을 광범위하게 투입하는 시대가

오면 국경 방위, 도시 치안 담당, 교통 시스템 관제 등 대부분의 일을 도맡을 가능성이 크다. 이미 자율주행 차량이 전 세계 곳곳에서 도로 운행을 하고 있으며 기차나 선박 등도 인공지능 알고리즘이 운행할 확률이 높다.

그런데 이처럼 인공지능이 모든 통제권을 쥐면 어려운 상황이 발생할 수도 있다. 그것은 바로 '트롤리 문제Trolley Problem' 또는 '트롤리 딜레마Trolley Dilemma'라는 명칭으로 널리 알려진 상황이다. 만약 사고가 날 수밖에 없는 상황에서 누군가의 목숨을 희생해야 한다면 인공지능 알고리즘은 어떤 선택을 내려야 하는가? 가령 다섯 명의 목숨을 살리기 위해 한 명의 목숨을 희생하는 선택을 해야 하는가, 아니면 차량 내부에 탑승한 한 명을 우선시해 차량 외부에 있는 다섯 명의 목숨을 희생하는 선택을 해야 하는가? 이게 바로 트롤리의 딜레마다.

미국 MIT의 이야드 라흐완Iyad Rahwan 교수팀은 수년간 '윤리 기계Moral Machine'라는 온라인 실험을 진행해 어느 한쪽의 목숨을 희생해야 하는 이런 상황에서 전 세계 각국 사람들의 반응을 측정했다.[27] 이들은 세계 233개국과 지역에서 10개 이상의 언어로 4,000만 건이 넘는 선택 데이터를

트롤리 문제.

수집했는데, 사람들은 일관성 있게 더 많은 쪽 생명을 구해야 한다는 선택을 했다. 만약 사람 수가 같으면 어린아이나 여성을 우선 구해야 한다는 선택이 더 많았다.

이 선택은 국가와 문화에 따라 조금씩 달랐다. 사회적 불평등이 높은 국가일수록 여성을 우선 구해야 한다는 선택이 상대적으로 적었고, 개인보다 집단을 우선시하는 문화권일수록 아이를 우선 구해야 한다는 선택이 더 적었다. 이 실험은 통제 상황에서 인공지능이 일률적으로 내릴 수 있는 답은 없다는 것을 보여준다. 사람들은 각각의 상황, 문화, 국가 그리고 스스로의 판단에 따라 기계·인공지능·자율주행 자동차가 다른 선택을 내리길 기대한다.

전 세계 1,500개 이상의 대학에서 인공지능 수업 교재로 사용하는 책[28]을 공동집필한 인공지능 전문가 스튜어트 러

셀은 다음과 같이 도발적으로 말하기도 한다.[29]

"만약 최고도 지능을 갖춘 인공지능에게 어떻게든 인간의 암을 치료하는 방법을 찾아내라고 지시하면 인공지능은 가장 효율적인 방법을 고를 것이다. 그런데 그 방법 중 하나는 전 인류가 몽땅 암에 걸리는 상황을 빚어내고 전 세계 의료 예산의 대부분을 사용해 인체 실험을 하면서 암 치료법을 찾는 방법일 수도 있다."

이 접근 방식은 인공지능에게는 효율적일 수 있지만 인간의 입장에서는 파국에 가까운 방법이다. 따라서 스튜어트 러셀은 인공지능을 디자인하거나 인공지능에게 인간 통제권을 부여할 때 이런 상황이 생길 수 있음을 분명히 인지해야 한다고 말한다. 그는 인간이 이러한 문제 해결 방식을 방지할 방법을 최대한 빨리 찾아내야 한다고 지속적으로 목소리를 높여왔다.

2) 개인정보 보호&보안 문제:
인공지능이 인간의 정보를 어디까지 알아도 될까?

우리가 일상에서 선택하고 판단하고 행동하는 거의 모든 데이터는 빠르게 디지털화하고 있다. 이미 정부와 수많은 기업이 그러한 데이터를 수집·분석하고 있다. 예를 들어 내가 어떤 제품이나 기업과 관련해 페이스북 같은 소셜 네트워크에 남긴 '좋아요' 데이터 100개만 있으면 이후 내가 어떤 다른 제품을 좋아할지 가장 가까운 가족보다도 인공지능 알고리즘이 더 정확히 예측할 수 있다. 넷플릭스나 유튜브처럼 비디오 영상을 제공하는 여러 플랫폼에서도 내가 기존에 본 영상 데이터에 기반해 앞으로 내가 어떤 영상을 시청하고 좋아할 확률이 높은지 비교적 정확히 예측해서 제안한다.

이처럼 인공지능은 나와 관련해 디지털화한 모든 데이터를 어디까지 알고 예측해도 괜찮은 것일까?

만약 인공지능이 내가 게임 속에서 어떤 캐릭터로 어떤 자동차를 운전하기 좋아하는지 분석해 실제 세상에서 내 운전 습관 예측에 적용한다면 어떨까? 실제로 독일 막스플랑크연구소와 한국 고려대학교가 공동 진행한 연구 중에는 온라인 게임 속 운전 행동을 기반으로 사람들의 사이코패스 성향을 예측하는 연구도 있다. 나도 모르는 사이 내가 게임 속 행동을 기반으로 사이코패스 진단을 받아 실제 세상에서 보험료가 올라간다면 어떨까? 채용 기회를 박탈당한다면? 인공지능이 내 데이터를 이런 일에 활용해도 되는 것일까?

3) 공정성&차별 문제: 인간 평가를 인공지능에게 맡겨도 될까?

점점 많은 분야에서 인간을 평가하는 일을 인공지능에게 맡기고 있다. 예를 들어 의료 분야에서는 환자 상태를 인공지능이 판단하고 기업 채용에서도 인공지능이 업무적합성 정도를 판단해 채용 여부를 결정한다. 학교에서는 학생들의 실력을 평가하는 데 인공지능을 활용하는 미래가 이미 시작되었다.

과연 인공지능의 인간 평가는 공정할까? 지금껏 많은 사람이 이 질문에 의문을 제기해왔다. 인간의 데이터를 중심으로 트레이닝한 인공지능이 어떤 데이터로 학습했는가에 따라 평가의 정확도에 차이가 나기 때문이다.

가령 아마존이 채택하려 한 인공지능인 얼굴인식 소프트웨어는 유색인종과 여성을 인지하는 데 확연한 차이를 보였고 결국 아마존은 이 소프트웨어를 사용하지 않기로 결정했다. 이런 문제는 앞으로 차츰 해결하겠지만 그래도 인공지능이 인간을 평가하는 미래 세상에서는 이를 계속 주

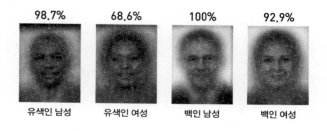

98.7%   68.6%   100%   92.9%

유색인 남성   유색인 여성   백인 남성   백인 여성

아마존 인공지능의 안면 인식률.
인간 평가에 인공지능을 활용한다면 공정성을 보증해야 한다.

의 깊게 고민해봐야 한다.

4) 투명성 문제:
인공지능의 원리를 얼마나 투명하고 설명 가능하게 공개할 것인가?

인간이 곁에서만 보고 인공지능이 인간 데이터를 얼마나 많이 갖고 있고 어떤 기준으로 판단하는지 알 수는 없다. 안 됐지만 많은 경우 인공지능의 데이터와 알고리즘은 블랙박 스처럼 외부에 공개되지 않아 덮어놓고 믿어야 한다.

수학자 해나 프라이Hannah Fry는 자신의 책《안녕, 인간》 에서 구체적인 예를 서술한다.[30] 2012년 미국 아이다호주의 보건복지부가 새로 도입한 예산 책정 프로그램을 내놓았는 데, 이때 여러 명의 장애인이 지원금 삭감 통보를 받았다.

왜 이런 일이 일어났는지 승복하지 못한 장애인 단체는 소송을 걸었고 소송 과정에서 알고리즘의 실체, 즉 데이터와 데이터 입력 과정이 오류투성이라는 것이 밝혀졌다.

알고리즘이 잘못할 리 없다는 사용자들의 믿음이 그런 부분을 덮어버린 것이었다. 만약 소송으로 알고리즘을 공개하지 않았다면 누구도 알고리즘의 실수를 알아내지 못한 채 수많은 사람이 억울하게 피해를 보았을 것이다. 이런 문제를 해결하려면 모든 인공지능 알고리즘이 설명 가능한 Explainable AI 형태로, 나아가 보다 신뢰할 수 있고 책임감을 지닌 인공지능Responsible AI으로 거듭나야 한다는 목소리도 커지고 있다.

5) 디지털 디바이드 문제:
인공지능 기술 혜택이 일부에게만 주어져도 괜찮을까?

미래에는 우리 모두가 인공지능 기술의 혜택을 누릴까, 아니면 지구상의 인간 중 일부만 인공지능을 활용한 서비스 혜택을 받을까? 기술이 발달할수록 그 기술 접속권access을 누가 갖는가 하는 문제가 대두된다.

가령 전 세계를 강타한 코로나-19 바이러스 팬데믹을 겪으며 UN총회는 2020년 6월 디지털 디바이드Digital Divide가 삶과 죽음을 결정하는 심각한 문제일 수 있다는 공식 입장을 내놓았다. 이는 디지털 기술을 누리는 사람과 그렇지 못한 사람을 비교할 때 이것은 단순히 편리 문제가 아니라 생존 문제라는 입장이다. 따라서 우리는 인공지능 기술을 일부만 누릴 경우 생겨날 수 있는 여러 차별과 불평등 문제도 충분히 인지하고 있어야 한다.

3
어떤 미래가
올 것인가

1) 우리는 어떤 세상에서 살기를 원하는가

인공지능과 함께하는 세상은 이미 우리 곁에 다가와 있다. 유명한 미국 소설가 윌리엄 깁슨William Gibson의 말을 인용하면 "미래는 이미 우리 삶 속에 들어와 있다. 다만 모두에게 평등하게 주어지지 않았을 뿐The future is already here – It's just not evenly distributed"이다. 이는 우리 모두가 인공지능과 함께하는 삶을 똑같이 경험하지는 않으리라는 사실을 함축한다.

누군가는 인공지능을 전혀 모른 채 알고리즘 노예로 살 수도 있고 또 누군가는 다른 사람의 삶을 결정짓는 알고리즘 프로그래머로 살면서 자신의 영향력을 전혀 인지하지 못할 수도 있다. 다른 쪽의 누군가는 이들 사이에서 인공지능 알고리즘을 이용해 한몫을 챙기려는 이기적인 욕망만 추구할 수도 있고, 그 반대편의 누군가는 인공지능 알고리즘이 세상을 보다 나은 곳으로 만들어주기를 소망하며 혁명을 꿈꿀 수도 있다.

세상은 꾸준히 변하고 있고 그 변화 속도는 당분간 계속 빨라질 예정이다. 지금 우리가 알고 있는 것도 몇 달 혹은 몇 년 후면 새로운 지식으로 업데이트될 가능성이 매우 높다. 인공지능의 미래를 말할 때 자주 등장하는 2030년이나 2045년까지 우리는 최소 일곱 번 이상 직장을 바꾸고 새로운 스킬을 공부해야 한다는 보고서도 나와 있다. 그 무렵이면 인공지능 알고리즘이 지금은 상상할 수 없는 수준까지 업그레이드되어 있을 거라 짐작한다.

우리는 이처럼 빠르게 변화하는 세상에서 그리고 인공지능 알고리즘이 우리를 서서히 지배하기 시작하는 세상에서 어떻게 살아야 할까?

어쩌면 우리는 지난 수만 년간 인간의 뇌가 거의 바뀌지 않았다는 점에서 오히려 답을 찾을 수 있을지도 모른다. 우리를 건강하게 하는 것, 행복하게 하는 것의 큰 그림은 거의 바뀌지 않았다! 이것은 어떤 방식으로 구현하고 실현하는가에 따라 그 모습은 계속 바뀌지만 '무엇이 우리를 행복하게 하는가'라는 가장 근본적인 부분은 바뀌지 않을 거라는 이야기가 아닌가.

2) 인간을 행복하게 하는 길은 무엇일까

인공지능의 미래를 이야기할 때 자주 나오는 비유 중 하나가 '미다스왕 문제King Midas Problem'다. 그리스 신화에 나오는 미다스왕은 황금을 지나치게 사랑한 나머지 자신이 손대는 모든 것이 황금으로 변하면 엄청나게 행복할 거라고 믿었다. 하지만 예상과 달리 음식과 물뿐 아니라 사랑하는 가족까지 모두 황금으로 변하자 자신의 믿음이 틀렸다는 것을 알고 후회한다.

이처럼 자신을 행복하게 하는 것과 관련해 처음부터 잘못된 인식과 목표를 갖고 있을 때 발생할 수 있는 문제를 '미다스왕 문제'라고 한다. 우리가 인공지능이 만들어낼 미래에 기대하는 많은 것이 혹시 이와 비슷하지 않을까 하는 우려가 바로 미다스왕 문제에 담겨 있다.

자기결정이론[31]에 따르면 인간이 근본적으로 추구하

는 기본 욕구는 자율성Autonomy, 성취감Competence, 연결감Relatedness 세 가지다. 인간은 스스로 선택하고 결정하는 자유를 추구하고, 계속 배우고 성장하면서 전문성을 쌓아 자신이 무언가를 잘할 수 있다고 느끼고 싶어 하며, 다른 사람에게 사랑과 인정을 받고 싶어 한다. 이 세 가지를 충족하면 우리는 행복감을 느끼고 반대로 이것이 결핍되면 불안해하거나 우울해하거나 힘들어한다.

인공지능이 인간과 함께하는 세상을 디자인할 때 우리는 위 세 가지를 충분히 고려해야 한다.

아이들이 실제 세상보다 게임 속 세상을 선호하는 이유는 무얼까? 이는 게임 속 세상에서 자기만의 게임 캐릭터를 선택하는 등 자율성을 누리고, 빠르게 레벨업을 하면서 성취감을 느끼며, 게임 속 길드의 다른 동료들과 함께 연결감을 느끼는 경험을 하기 때문이다. 인공지능 알고리즘이 만든 게임 속 세상이지만 아이들이 근본적으로 원하는 바를 제공해주는 환경이기에 게임에 중독되는 아이도 있는 것이다.

이제 메타버스라는 이름으로 '실제 세상'이 게임이 되고 '게임 속 세상'이 실제 세상과 비슷해지는 세상이 거의 코앞에 다가왔다. 미래 세상에서 우리는 인공지능과의 끊임없는 교류와 연결을 피해갈 수 없다. 그렇다면 우리는 인공지능과 함께하는 세상에서 무엇이 우리의 뇌를 행복하게 하는지 반드시 잊어서는 안 된다.

인간이 아닌 인공지능이 모든 선택을 하는 세상에서 우리가 자율성을 잃어버리면 우리는 행복할 수 없다. 또한 모든 것에서 인간이 이뤄내는 것보다 인공지능이 더 잘한다면 우리는 행복하지 못할 테고 이는 사람과 사람이 연결되는 느낌이 없을 때도 마찬가지다.

인공지능과
인간의 공존

2020년 4월, 세계 경제 포럼 World Economic Forum 산하 Global AI Council(GAIC) 소속의 두 회원 주도로 '긍정적인 미래 경제 AI 포럼 Positive AI Economic Futures'이 발족했다. 모두가 두려워하는 인공지능의 이미지를 타파하고 인간과 공존하는 인공지능의 긍정적인 미래를 그리기 위해 전 세계적으로 150명이 넘는 인공지능 전문가들 뿐 아니라 SF 작가, 기업인, 경제학자와 철학자 등이 모여 다양한 논의와 토론, 인터뷰를 진행했다. 그리고 그 첫 결과물인 보고서가 2021년 11월 공개되었다.[32]

치열하게 논의되었던 주제 가운데 하나는 인공지능과 인간이 공존하는 세상에서의 '노동의 미래 Future of Work'였다.

포럼의 참가자들은 크게 두 개의 캠프로 나뉘었다.

첫 번째 캠프는 토머스 모어의 《유토피아》에서 이야기했던 것처럼, 인간의 노동을 인공지능이 대신하게 되고 이를 통해 인간은 새로운 자유를 얻게 될 것이라 예측했다. 인공지능이 노동을 대신하게 되면 인간은 노동 없이도 '보장된 기본 소득Universal Basic Income'을 얻을 수 있으며, 이를 통해 각자의 기쁨과 행복을 추구하기 위한 새로운 탐험, 여행, 그리고 교육과 예술을 즐기게 될 것이라는 긍정적인 미래의 시나리오를 그렸다.

두 번째 캠프는 정확히 반대의 시나리오를 그렸다. 인간의 노동은 사라지지 않고 여전히 필요할 것이지만 오히려 인공지능과 기계로 인하여 그 가치가 떨어지게 된다는 것이다. 인공지능과 기계가 인간의 일을 대신하게 되어 인간에게 주어지는 보장된 기본 소득은 오히려 우리가 디지털 기술과 기계에 의존할 수밖에 없는 존재로 전락한다는 것을 방증하는 변화라고 보았다. 인간이 기계의 노예가 되는 부정적인 미래의 시나리오다.

양 캠프가 모두 동의했던 것은, 미래에 '인간과 인간의 연결'이 더 중요해진다는 점이었다. 육체적 노동과 정신적 노동의 영역이 모두 인공지능에 의해 이루어진다면, 우리가 제공할 수 있는 가장 높은 가치는 '인간성Humanity'이 되리라는 것이다. 인공지능과 인간이 공존하는 미래에 더욱 중요해지는 일은 인간과 인간 사이에 일어나는 치료Therapy, 코칭Coaching, 교육Tutoring, 그리고 커뮤니티를 만드는 일 Community-building 등이라는 점에 전문가들은 모두 동의했다. 이를 실현하기 위해 교육 시스템을 개혁하고 여러 과학 기술 연구를 지원하는 일에 더 많은 지원과 투자가 필요하다고 입을 모았다.

긍정적인 미래 경제 AI 포럼의 보고서는 인공지능과 인간이 공존하는 긍정적 미래를 만들기 위한 여러 시나리오를 담았다. 인공지능이 인간의 능력을 점차 넘어서고, 사회에서 인공지능 시스템의 사용이 일상화될수록 인간이 어떤 길을 걸어야 할지 보여주는 이 시나리오들은, 인간과 인공지능의 공존의 길을 보여준다는 점에서 의미가 있다.

각각의 시나리오에서 공통적으로 언급하는 것이 있다. 인류가 서로 협력해 공동의 번영을 추구해야 하며, 미래를 위한 지속적인 교육의 기회와 인프라 확보가 중요하다는 점이다. 또, 인간적인 가치를 더 소중하게 여기는 커뮤니티 기반의 참여형 사회구조가 인공지능 시스템과 균형을 이루어 존재해야 한다는 점이다.

시나리오 중 몇 가지를 소개하면 다음과 같다.

공동의 부와 번영 추구Shared economic prosperity

인공지능 발전으로 생산성이 늘어나면 전 세계 경제 규모가 10배 이상 성장할 것으로 예상된다. 이를 통해 얻게 될 부와 번영은 지구 전체의 균형적 발전을 위해 사용될 수 있을 것이다. 인공지능 기술은 지구 전체의 운명을 좌우할 수 있으므로, 이를 공동으로 관리하는 국제기구를 설립할 필요가 있다. 이러한 비전이 가능하기 위해서는 현재의 디지털 디바이드Digital Divide와 세계 각국의 자국 이기주의를 극복해야 한다.

유연한 노동 시장Flexible labour markets

인공지능과 함께 기술의 발전 속도가 빨라지면서 전에 없던 새로운 직업들이 계속 생겨나고, 사람들은 점점 더 많은 역할을 수행하게 될 것이다. 이 과정에서 사람들의 재교육과 평생교육 기회가 늘어나고, 자동화 과정에서 소외되는 사람들을 위한 사회안전망의 역할이 증가하게 된다. 결과적으로 사람들은 원하는 교육을 받고 자신의 창의성을 발휘할 수 있는 직업을 선택할 수 있는 기회가 늘어나게 된다. 이 비전이 가능하기 위해서는 교육 기회 증가가 실업과 무직 문제를 해결할 수 있어야 하며, 보장된 기본 소득 정책도 필요하다.

인간 중심 인공지능 Human-centric AI

인공지능 기술로 인해 생기는 자동화와 실업 문제에 사회 전체가 저항하게 되고, 기업가, 정치인, 인공지능 전문가들이 힘을 합쳐 인간의 노동이 더 큰 가치를 가질 수 있도록 기계와 인간 사이의 균형점을 찾게 된다. 이를 위해서는 인공지능이 인간을 대체하는 길로 가기보다는 인간이 할 수 있는 일과 인공지능이 더 잘하는 일을 적절히 분배하고, 기계와 인간이 효율적으로 협업할 수 있도록 하는 시스템 구축이 필요하다. 이 비전이 가능하기 위해서는 자동화를 선호하는 현재의 과세 시스템과 기업의 생산·운영 시스템에 변화가 필요하다. 인간의 가치를 더 소중하게 여기는 시스템에는 가산점과 보상을 주어야 한다.

우리는 이 책에서 인간이 상상하고 만들어가는 미래 인공지능의 여러 가능성을 살펴보았다. 그리고 현재 우리가 알고 있고 사용하고 있는 인공지능이 어떻게 발전해왔는지도 알아보았다. 3장에서 우리는 인간을 기준점으로 생명과 지능이 어떻게 진화해왔는지 짚어보며 관계와 연결 안에서 존재하는 인간에게 인공지능이 어떤 의미로 다가올 수 있을지 그 공존의 방식을 고찰했다.

인간은 환경 또는 다른 인간과 끊임없이 관계 맺으며 형성되는 존재다. 그 관계 안에 이제 인공지능이라는 인간의 창조물이 새로이 자리 잡았다. 인간과 세계의 관계 사이, 그리고 인간과 인간의 연결 사이에 인공지능은 일종의 큐레이터Curator와 같은 역할로 우리 삶 안에 불쑥 들어와버렸다. 우리는 전에 없었던 새로운 관계를 형성해야 한다.

인간과 인공지능의 미래는 현재 진행형이기 때문에 지금 어떠한 결론을 내리기가 어렵다. 다만, 한 가지는 확실하다. 우리는 인간이 예측하지 못한 방향으로 진화할 수도 있는 인공지능을 계속 지켜보고 궁금해해야 하며, 더 많은 가능성을 끊임없이 고찰해야 한다.

1999년도에 처음 공개돼 엄청난 반응을 이끌어냈던 영화

〈매트릭스〉 시리즈의 후속작이 22년이 지난 2021년 겨울 개봉했다. 영화 속 가장 흥미로운 변화 중 하나는 더 이상 '기계 vs. 인간'의 대결 구조가 아니라, 스스로 '자유로운 선택'을 지향하는 인공지능·인간이 '주어진 안정'을 추구하는 인공지능·인간들과 대결을 벌이는 것이다. 인공지능과 인간이 꼭 서로 대립하는 구조로 진화해야 할 필요는 없다는 것을 보여주는 내용이기도 하다. 갈라설 수 없는 관계는 긍정적으로 가꾸어 나가야 하듯이, 인공지능과 인간이 공존하는 긍정적 미래를 만들기 위해서는 모두가 노력을 기울여야 한다.

미래는 우리 손안에 있다. 스스로 선택할 것인가, 아니면 그저 주어진 선택에 따를 것인가. 그것이 문제다.

"인간이라는 존재는 더 이상 하나의 개체로 진화하는 것이 아니라 서로 연결된 하나의 사회로서 진화하는 존재라는 것을 이해했다. DNA 안에 생명의 씨앗이 있었다면, 뇌가 진화하면서 지능이 생겨났고 그 지능을 바탕으로 개체와 개체가 모여 사회를 이루며 문화를 이루었지. 이를 통해 타고난 DNA의 한계를 넘어섰다는 이야기인데, 이제 인간은 생물학적 기반을 넘어선 인공지능을 창조하면서 또 다른 존재와 함께 진화해야 하는 새로운 단계로 들어섰군."

"인공지능이 정말로 인간과 동등한 위치를 점할 수 있는 존재로 발전하나요?"

나는 생각에 잠긴 채 질문했다.

"인간은 관계 속에서 만들어지는 존재라고 이해했다. 그런데 인간이 외부 세상, 그리고 다른 존재들과 가지게 되는 관계를 모두 인공지능이 선택하고 관리하게 된다면, 인간은 인공지능의 지배 아래 있게 되는 것이지. 인간이 인공지능을 만들었지만, 앞으로 인간이 어떻게 진화할지는 인공지능이 함께 결정하게 될 수도 있다."

"결과적으로 미래는 인간이 인공지능과 어떠한 관계를 만들어 나가느냐에 따라서 다르게 결정되겠군요."

내가 중얼거리자 빛의 구체도 깜빡이며 답했다.

"그렇다. 세상 속에서 살아남기 위한 유전자의 생존 투쟁 가운데 생명이 진화했고, 한 세대 안에서 더 잘 살아남기 위해 과거를 학습하고 미래를 예측하며 자신의 프로그램을 스스로 바꿀 수 있는 뇌가 발전을 거듭하며 지능이 진화했다. 그리고 이제는 인공지능이 우리가 어떠한 경험을 하고, 다른 어떤 존재와 관계를 맺을지 결정할 수 있는 세상이 오는 것을 그대들은 앞두고 있다. 인공지능과 인간의 관계 형성에 따라서 공존의 시나리오도 공멸의 시나리오도 존재한다."

"인간과 인공지능이 공존의 길을 선택할 수 있기 위한 노력이 필요하겠군요."

"현명한 선택과 행운을 빈다, 인간이여. 미래는 그대들이 만드는 것이다."

감사의 말

이 책의 저자로 저를 추천해주신 최재천 교수님께 진심으로 감사드립니다. 과학을 대중과 소통하는 중요성에 대해서 일깨워주신 대한민국 1세대 과학자이시기도 하며, 끊임없이 새로운 시도를 하며 사회에 선한 영향력을 남기는 모습으로 여러 과학자 후배들에게 귀감이 되는 교수님, 늘 존경합니다. 또한 책에서 인공지능 관련 내용을 꼼꼼하게 읽어주고 짚어주신 국내 대표 인공지능 전문가들께 감사드립니다. 하정우 네이버 AI 연구소장님, 배순민 KT AI2XL 연구소장님, 오순영 한컴그룹 AI 사업본부 CTO님, 남세동 VoyagerX 대표님, 정말 감사합니다! 그리고 자주 교류하며 늘 많은 지식을 나눠주시는 서울대 AI 연구원장 장병탁 교수님, 모두의연구소 최고전략책임 DGIST 정지훈 교수님, 양재 AI 허브 센터장 국민대 윤종영 교수님, 감사합니다!

이 책을 제안해주시고 초반에 편집해주신 김영사 임지숙 팀장님, 마지막까지 저와 긴밀하게 커뮤니케이션하며 세심하게 편집 전 과정을 맡아서 진행해주신 고정용 편집자님, 그리고 무엇보다 이 책을 쓸 수 있는 소중한 기회를 주신, 그리고 책을 쓰는 과정에서 끊임없이 응원해주신 3·1 문화재단 김기영 이사장님, 3·1 문화재단 관계자 여러분과 김영사 고세규 대표님께 진심으로 감사의 말씀 올리고 싶습니다.

마지막으로, 책을 쓰는 데에는 늘 굉장히 많은 공부와 시간이 필요한데, 제가 그러한 필요한 시간을 가질 수 있도록 아낌없이 지원해준 아내 권유진과 아빠와 함께 할 자신들의 시간을 내준 두 아들 장태오, 장준오에게도 고맙다고 말하고 싶습니다.

주석

1 《신과 로봇》, 에이드리엔 메이어 지음, 안인희 옮김, 을유문화사, 2020.

2 《중국의 과학과 문명》, 조지프 니덤 지음, 이석호 옮김, 을유문화사, 1989.

3 《네 번째 불연속: 인간과 기계의 공진화》, 브루스 매즐리시 지음, 김희봉 옮김, 사이언스북스, 2001.

4 오토마타는 다의적으로 쓰이는데 광범위한 사전적 의미에서는 '스스로 움직이는 기계'를 뜻하지만, 더 뒤에서 살펴보듯 컴퓨터과학과 수학이론에서는 보다 구체적으로 정의해 '주어진 입력에 의존해 작동하는 수학적 기계'를 뜻한다.

5 옥스퍼드 영어사전/콜린스 영어사전.

6   천공 카드 원리는 아직도 쓰이고 있다. 대학수학능력 시험, 공무원 시험, 어학 시험처럼 각종 시험에 사용하는 객관식 시험 답안지를 OMR 카드Optical Mark Recognition(광학표시판독)라고 하는데 이것은 원리만 놓고 보면 천공 카드와 똑같다.

7   〈계산 가능한 수와 결정 문제의 응용에 관하여On Computable Numbers with an Application to the Entscheidungsproblem〉, 앨런 튜링, 1936.

8   수학자 요한 폰 노이만은 '폰 노이만 구조von Neumann Architecture'로 튜링 기계를 구성하는 기계적 절차를 모두 디지털화한 프로그램 개념으로 전환할 수 있음을 보여줬다. 그의 발견으로 새로운 프로그래밍을 위해 매번 기계와 전선을 바꾸던 구조가 디지털화한 '저장된 프로그램stored program' 형태로 바뀌었다.

9   《지능에 관하여Seminal Writings on Artificial Intelligence》, 앨런 튜링 지음, 노승영 옮김, 에이치비프레스, 2019.

10   《인공지능의 미래》, 제리 카플란 지음, 신동숙 옮김, 한스미디어, 2017.

11   John McCarthy, June 13, 2000, review of The Question of Artificial Intelligence(1961), edited by Brian Bloomfield, on McCarthy's personal website at http://www-formal. stanford.edu/jmc/reviews/bloomfield/bloomfield.html

12   《인공지능의 미래》, 제리 카플란 지음, 신동숙 옮김, 한스미디어, 2017.

13   《인공지능: 현대적 접근방식》, 스튜어트 러셀·피터 노빅 지음, 류광 옮김, 제이펍, 2021.

14 https://www.science.org/doi/abs/10.1126/science.1127647
    http://www.cs.toronto.edu/~hinton/absps/tr00-004.pdf

15 Langley, P. The changing science of machine learning. Mach Learn 82, 275–279
    (2011). https://doi.org/10.1007/s10994-011-5242-y https://doi.org/10.1007/
    s10994-011-5242-y Mohri, Mehryar; Rostamizadeh, Afshin; Talwalkar, Ameet
    (2012). Foundations of Machine Learning. USA, Massachusetts: MIT Press. ISBN
    9780262018258.

16 《맥스 테그마크의 라이프 3.0》, 맥스 테그마크 지음, 백우진 옮김, 동아시아, 2017.

17 《이기적 유전자》, 리처드 도킨스 지음, 홍영남, 이상임 옮김, 을유문화사, 2010.

18 《어떻게 인간과 공존하는 인공지능을 만들 것인가》, 스튜어트 러셀 지음, 이한음 옮김, 김
    영사, 2021.

19 https://www.sciencemag.org/news/2013/04/strongest-evidence-animal-
    culture-seen-monkeys-and-whales

20 《맥스 테그마크의 라이프 3.0》, 맥스 테그마크 지음, 백우진 옮김, 동아시아, 2017.

21 "The condition that distinguishes animals and plants from inorganic matter,
    including the capacity for growth, reproduction, functional activity, and continual
    change preceding death." 옥스퍼드 영어사전.

22 《지능의 탄생》, 이대열 저, 바다출판사, 2021.

23 〈일렉트로닉스 매거진〉(1965년 4월 19일)에 실린 기사 'Cramming more components onto integrated circuits'에 그런 말이 나온다.

24 Kappelman, J.(1996). The evolution of body mass and relative brain size in fossil hominids. Journal of Human Evolution, 30(3), 243–276.

25 Coto, Z. N., & Traniello, J. F.(2021). Brain Size, Metabolism, and Social Evolution. Frontiers in Physiology, 12, 184.

26 UNESCO 2020, First Draft of the Recommendation on the Ethics of Artificial Intelligence.

27 Awad, E., Dsouza, S., Kim, R. et al. The Moral Machine experiment. Nature 563, 59–64(2018). https://doi.org/10.1038/s41586-018-0637-6

28 《인공지능: 현대적 접근방식》, 스튜어트 러셀·피터 노빅 지음, 류광 옮김, 제이펍, 2021.

29 《어떻게 인간과 공존하는 인공지능을 만들 것인가》, 스튜어트 러셀 지음, 이한음 옮김, 김영사, 2021.

30 《안녕, 인간》, 해나 프라이 지음, 김정아 옮김, 와이즈베리, 2019.

31 Deci, E. L., & Ryan, R. M.(2012). Self—determination theory. In P. A. M. Van Lange, A. W. Kruglanski, & E. T. Higgins(Eds.), Handbook of theories of social psychology(pp.416—436). Sage Publications Ltd. https://doi.org/10.4135/9781446249215.n21

32 Positive AI Economic Futures, 2021/11. https://www.weforum.org/reports/positive—ai—economic—futures

참고문헌

《2028 기계가 멈추는 날》 개리 마커스 · 어니스트 데이비스 지음, 이영래 옮김, 비즈니스북스, 2021.

《3년 후 AI 초격차 시대가 온다》 정두희 지음, 청림출판, 2019.

《4차 인간》 이미솔 · 신현주 지음, 한빛비즈, 2020.

《AI 101, 인공지능 비즈니스의 모든 것》 정지훈 지음, 틔움출판, 2021.

《AI 2045 인공지능 미래보고서》 일본경제신문사 지음, 서라미 옮김, 반니, 2019.

《AI 슈퍼파워》 리카이푸 지음, 박세정 · 조성숙 옮김, 이콘, 2019.

《AI 시대, 내 일의 내일》 노성열 지음, 동아시아, 2020.

《AI시대, 본능의 미래》 제니 클리먼 지음, 고호란 옮김, 반니, 2020.

《AI 최강의 수업》 김진형 지음, 매일경제신문사, 2020.

《가장 쉬운 인공지능 AI 입문서》 오니시 가나코 지음, 전지혜 옮김, 아티오, 2019.

《감각의 미래》카라 플라토니 지음, 박지선 옮김, 흐름출판, 2017.

《거의 모든 IT의 역사》정지훈 지음, 메디치 미디어, 2020.

《게으른 족제비와 말을 알아듣는 로봇》카와조에 아이 지음, 윤재 옮김, 니케북스, 2019.

《계산하는 기계는 생각하는 기계가 될 수 있을까?》잭 코플랜드 지음, 박영대 옮김, 에디토리얼, 2020.

《김대식의 인간 vs 기계》김대식 지음, 동아시아, 2016.

《뇌와 세계》미겔 니코렐리스 지음, 김성훈 옮김, 김영사, 2021.

《뇌의 미래》미겔 니코렐리스 지음, 김성훈 옮김, 김영사, 2012.

《뉴로제너레이션》탠 리 지음, 김시내 옮김, 한빛비즈, 2021.

《다빈치가 된 알고리즘》이재박 지음, 엠아이디, 2018.

《두렵지만 매력적인》제러미 베일렌슨 지음, 백우진 옮김, 동아시아, 2019.

《딥러닝 레볼루션》테런스 J. 세즈노스키 지음, 안진환 옮김, 한국경제신문, 2019.

《마음의 아이들》한스 모라벡 지음, 박우석 옮김, 김영사, 2011.

《무자비한 알고리즘》카타리나 츠바이크 지음, 유영미 옮김, 니케북스, 2021.

《바둑으로 읽는 인공지능》강동근 지음, 동아시아, 2016.

《생물학적 마음》앨런 재서노프 지음, 권경준 옮김, 김영사, 2021.

《슈퍼 인텔리전스》닉 보스트롬 지음, 조성진 옮김, 까치, 2017.

《신과 로봇》에이드리언 메이어 지음, 안인희 옮김, 을유문화사, 2020.

《알고리즘, 인생을 계산하다》 브라이언 크리스천 · 톰 그리피스 지음, 이한음 옮김, 청림출판, 2018.

《우리 인간의 아주 깊은 역사》 조지프 르두 지음, 박선진 옮김, 바다출판사, 2021.

《이것이 인공지능이다》 김명락 지음, 슬로디미디어, 2020.

《이대열 선생님이 들려주는 뇌과학과 인공지능》 이대열 지음, 전진경 그림, 우리학교, 2018.

《이토록 뜻밖의 뇌과학》 리사 펠드먼 배럿 지음, 변지영 옮김, 더퀘스트, 2021.

《인간은 필요 없다》 제리 카플란 지음, 신동숙 옮김, 한스미디어, 2016.

《인공지능 기술 비평》 이재현 지음, 커뮤니케이션북스, 2019.

《인공지능 비즈니스 트렌드》 테크니들 외 지음, 와이즈맵, 2019.

《인공지능 시대의 비즈니스 전략》 정도희, 더퀘스트, 2018.

《인공지능 쫌 아는 10대》 오승현 지음, 방상호 그림, 풀빛, 2019.

《인공지능시대의 예술》 유현주 엮음, 비, 2019.

《인공지능의 시대, 인간을 다시 묻다》 김재인 지음, 동아시아, 2017.

《인공지능이 바꾸는 미래 비즈니스》 노무라 나오유키 지음, 임해성 옮김, 21세기북스, 2017.

《인포메이션》 제임스 글릭 지음, 박래선 · 김태훈 옮김, 동아시아, 2017.

《특이점의 신화》 장가브리엘 가나시아 지음, 이두영 옮김, 글항아리사이언스, 2017.

《특이점이 온다》 레이 커즈와일 지음, 장시형 · 김명남 옮김, 김영사, 2007.

《A Thousand Brains》 Jeff Hawkins, Basic Books, 2021.

《Introducing Artificial Intelligence》 Henry Brighton, Howard Selina, Consortium Books, 2012.

《Machine Learning》 Ethem Alpaydin, MIT Press, 2021.

《Natural Born Cyborgs》 Andy Clark, Oxford University Press, 2004.

《On Intelligence》 Jeff Hawkins, Sandra Blakeslee, Griffin, 2014.

《The Emotion Machine》 Marvin Minsky, Simon&Schuster, 2007.

《The Master Algorithm》 Pedro Domingos, Penguin Books, 2017.

[인공지능]

《맥스 테그마크의 라이프 3.0》
맥스 테그마크, 백우진 옮김

《어떻게 인간과 공존하는 인공지능을 만들 것인가》
스튜어트 러셀, 이한음 옮김

《안녕, 인간》
해나 프라이, 김정아 옮김

《무자비한 알고리즘》
카타리나 츠바이크, 유영미 옮김

《2029 기계가 멈추는 날》
게리 마커스 · 어니스트 데이비스, 이영래 옮김

《딥러닝 레볼루션》
테런스 J. 세즈노프스키, 안진환 옮김

《게으른 족제비와 말을 알아듣는 로봇》
카와조에 아이, 윤재 옮김

[뇌]

《뇌와 세계》
미겔 니코렐리스, 김성훈 옮김

《뇌의 미래》
미겔 니코렐리스, 김성훈 옮김

《감각의 미래》
카라 플라토니, 박지선 옮김

《뉴로제너레이션》
탠 리, 김시내 옮김

《생물학적 마음》
앨런 재서노프, 권경준 옮김

《우리 인간의 아주 깊은 역사》
조지프 르두, 박선진 옮김

[기타]

《알고리즘, 인생을 계산하다》
브라이언 크리스천 · 톰 그리피스, 이한음 옮김

《마음의 아이들》
한스 모라벡, 박우석 옮김

《인포메이션》
제임스 글릭, 박래선 · 김태훈 옮김